"ධම්මෝ හි වාසෙට්ඨා, සෙට්ඨෝ ජනේතස්මිං
දිට්ඨේ චේව ධම්මේ, අභිසම්පරායේ ච."

වාසෙට්ඨයෙනි, මෙලොවෙහි ත්, පරලොවෙහි ත්
ජනයා අතර ධර්මය ම ශ්‍රේෂ්ඨ වෙයි !

– අග්ගඤ්ඤ සූත්‍රය – භාග්‍යවත් බුදුරජාණන් වහන්සේ

අලුත් දහම් වැඩසටහන - 14

කොහොමද පිහිට ලැබගන්නේ..?

පූජ්‍ය කිරිබත්ගොඩ ඤාණානන්ද ස්වාමීන් වහන්සේ

ISBN : 978-955-687-093-0

ප්‍රථම මුද්‍රණය : ශ්‍රී බු.ව. 2560 ක් වූ බිනර මස පුන් පොහෝ දින

සම්පාදනය : **මහමෙව්නාව භාවනා අසපුව**
වඩුවාව, යටිගල්ඔළුව, පොල්ගහවෙල.
දුර : 037 2244602
info@mahamevnawa.lk | www.mahamevnawa.lk

පරිගණක අකුරු සැකසුම, පිටකවර නිර්මාණය සහ ප්‍රකාශනය :
මහාමේඝ ප්‍රකාශකයෝ
වඩුවාව, යටිගල්ඔළුව, පොල්ගහවෙල.
දුර : 037 2053300, 076 8255703
mahameghapublishers@gmail.com

මුද්‍රණය : **ලීඩ්ස් ග්‍රැෆික්ස් (පුද්.) සමාගම,**
අංක 356 E, පන්නිපිටිය පාර, තලවතුගොඩ.

කොහොමද පිහිට ලැබගන්නේ..?

අලුත් දහම් වැඩසටහන
14

පූජ්‍ය කිරිබත්ගොඩ ඥාණානන්ද ස්වාමීන් වහන්සේ
විසින් පොල්ගහවෙල මහමෙව්නාව භාවනා අසපුවේ අලුත් දහම් වැඩසටහනේ දී සිදු කළ ධර්ම දේශනා ඇසුරිනි.

මහාමේඝ
MAHAMEGHA

ප්‍රකාශනයකි

පෙළගැස්ම....

නමෝ තස්ස භගවතෝ අරහතෝ සම්මාසම්බුද්ධස්ස
ඒ භාග්‍යවත් අර්හත් සම්මා සම්බුදුරජාණන් වහන්සේට නමස්කාර වේවා!

01.
උදේ වරුවේ ධර්ම දේශනය

ශ්‍රද්ධාවන්ත පින්වත්නි,

අපි මේ දහම් වැඩසටහනේදී දිගින් දිගට ම පටිච්ච සමුප්පාද ධර්මයත් ඊට උපකාර වන තව දේශනාත් විස්තර කළා. පටිච්ච සමුප්පාදයේ උගන්වන්නේ හේතුඵල කියන ධර්මතාවය ගැනයි. හේතුඵල ධර්මතාවය ඉගෙන ගන්නේ නැතිව අපට චතුරාර්ය සත්‍යය වටහා ගන්ට ක්‍රමයක් නෑ. චතුරාර්ය සත්‍ය ධර්මයේ පළවෙනි ආර්ය සත්‍යය හැටියට බුදුරජාණන් වහන්සේ වදාළේ දුක නම් වූ ආර්ය සත්‍යයයි. ජරාමරණ, සෝක වැලපීම්, දුක් දොම්නස්, සුසුම් හෙළීම් ආදී නානාප්‍රකාර දුක් වලට උපන් සත්වයා මූණ දෙනවා. මේ දුක දෙවි කෙනෙක් මැව්වා නෙමෙයි. සමහරු විශ්වාස කළා අපි මේ දුක් විඳින්නේ යම්කිසි මැවීමක් නිසා කියලා. මේ දුක තමන් විසින් උපදවා ගත්තු එකකුත් නෙමෙයි. මේ දුක ඉබේ හටගත්තු දේකුත් නෙමෙයි. බුදුරජාණන් වහන්සේ වදාළා මේ දුකට හේතුවක් තියෙනවා කියලා.

තණ්හාව ගෙවා දැමීම....

හේතුව තමයි අරමුණුවලට ආසාවෙන් බැඳී ගිය එක. සාමාන්‍යයෙන් අපි ගත්තොත් යම්කිසි අර්බුදයකට හේතුව මේකයි කියලා හොයාගත්තට පස්සේ අපි මොකක්ද කල්පනා කරන්නේ? ඒ හේතුව නැති කරන්නයි. හේතුව නැති කළා නම් ඒ අර්බුදය නැහැනේ. උන්වහන්සේ ඉතාම පැහැදිලි ලෙස මේ දුකේ හේතුව නැති කිරීම ගැන දේශනා කළා. මේ හේතුව නැති කළා නම් දුකෙන් නිදහස් කියලා. ඒ තමයි දුක්ඛ නිරෝධය. බුදුරජාණන් වහන්සේ වදාළා දුක්ඛ නිරෝධය සාක්ෂාත් කරන්න නම් මේ ආර්ය අෂ්ටාංගික මාර්ගය පුරුදු කරන්න ඕනෙ කියලා.

මෙන්න මේ චතුරාර්ය සත්‍යය අවබෝධ වෙනකම් ම මේ සත්වයාට එක එක ආත්මවල එක එක විදිහට සැරිසරන්ට සිද්ධ වෙනවා. එක එක ආත්මවල එක එක විදිහට සැරිසරන්ට සිද්ධ වෙන නිසා තමයි කෙනෙක් මුළාවෙන්නේ මේකේ දිගින් දිගට යන මොනවාහරි දෙයක් තියෙනවා කියලා. එහෙම මුළාවෙච්ච කෙනෙක් ගැන කියවෙන දේශනාවක් තමයි අද අපි ඉගෙන ගන්නේ. මේ දේශනාවේ නම මහා **තණ්හාසංඛය සූත්‍රය**. මේ දේශනාව ඇතුළත් වෙන්නේ මජ්ඣිම නිකායේ. තණ්හා සංඛය කියන්නේ තණ්හාව ක්ෂය කිරීම, තණ්හාව ගෙවා දැමීම. තණ්හාව ගෙවා දැමීම ගැන දේශනා දෙකක් තියෙනවා. එකක් තමයි අද අපි මේ ඉගෙන ගන්න මහා තණ්හාසංඛය සූත්‍රය. අනික චූළ තණ්හාසංඛය සූත්‍රය.

කේවට්ටපුත්‍ර සාති....

ඒ දවස්වල අපගේ භාග්‍යවත් බුදුරජාණන් වහන්සේ සැවැත් නුවර ජේතවනයේ වැඩසිටියේ. ඒ සැවැත් නුවර

ම කේවට්ටපුත්‍රයෙක් පැවිදි වෙලා හිටියා. කේවට්ටපුත්‍ර කියලා කියන්නේ මාළු අල්ලන කෙනෙකුගේ පුතෙක් පැවිදි වෙලා හිටියා. එයාගේ නම සාති. මහ උගත් කෙනෙක් නොවන බව පේනවා. කියන කරුණු හරි විදිහට අල්ල ගන්න බැරිවෙච්ච එක්කෙනෙක්.

බුදුරජාණන් වහන්සේ එක එක අවස්ථාවල එක එක සිද්ධි අරභයා අතීත විස්තර දේශනා කරනවනෙ. "මහණෙනි, මේ පුද්ගලයා කලින් ආත්මෙත් මෙන්න මෙහෙම කටයුතු කළා. එක ආත්මෙක මෙහෙම වැඩ කළා. තව ආත්මෙක මේ මේ විදිහට වැඩ කළා" කියලා. බුදුරජාණන් වහන්සේ ගැනත් යම් යම් අවස්ථාවල "මහණෙනි, මං අසවල් කාලේ වෙස්සන්තර රජ්ජුරුවෝ වෙලා හිටියා. මං අසවල් කාලේ ගුත්තිල වෙලා හිටියා. මං අසවල් කාලේ වේලාම බ්‍රාහ්මණයා වෙලා හිටියා" ආදී වශයෙන් කියනවනෙ.

එකම විඤ්ඤාණයක්...?

කෙනෙක් මැරෙනකොට එයාගේ විඤ්ඤාණය චුතවෙනවා කියලා අපි අහලා තියෙනවා. මේ සාති හිතුවා එහෙනම් මේ එකම විඤ්ඤාණයක් තමයි ආත්මෙන් ආත්මෙට යන්නේ කියලා. හිතිලා මෙයා කියනවා **තථාහං භගවතා ධම්මං දේසිතං ආජානාමි.** මං භාග්‍යවතුන් වහන්සේ වදාළ ධර්මය මේ විදිහටයි තේරුම් අරන් ඉන්නේ. **යථා තදේවිදං විඤ්ඤාණං** මේ එකම විඤ්ඤාණයක් තමයි **සන්ධාවති සංසරති** මේ සසරේ සැරිසරා යන්නේ. **අනඤ්ඤන්ති** වෙන දෙයක් නොවෙයි කියලා.

බුද්ධ දේශනාවේ තියෙනවා මනුස්සයෙක් මැරෙනකොට විඤ්ඤාණය චුත වෙනවා. ඊළඟට

තියෙනවා විඤ්ඤාණය පිළිසිඳ ගන්නවා කියලා. 'එහෙනම් මේ චුතවෙන, ආයෙ පිළිසිඳ ගන්න, වෙනස් නොවී යන එකම විඤ්ඤාණයක් තියෙනවා' කියලා මේ සාතිට වැරදි වැටහීමක් ඇතිවුනා. ඒ පටලැවිල්ල අදත් මනුස්සයෙකුට වෙන්න බැරිද? වෙන්න පුළුවන්.

මිසදිටුව දුරුකිරීමට උත්සාහයක්....

එතකොට මේ විඤ්ඤාණයේ යථා ස්වභාවය හඳුනාගෙන හිටිය, හේතුඵල ධර්මයෙන් හටගන්න මේ විඤ්ඤාණය ඒ හේතු නැති වුනාම නැති වී යන ස්වභාවයෙන් යුක්තයි කියලා අවබෝධ වෙච්ච, ඒ ගැන හරියාකාරව වටහාගත්තු සඟ පිරිසක් හිටියා. ආන්න ඒ සඟ පිරිසට අහන්න ලැබුනා මේ සාති භික්ෂුවගේ කතාව. උන්වහන්සේලා ගිහිල්ලා සාතිගෙන් ඇහුවා 'හැබෑද ඇවැත් සාති, ඔබ මෙහෙම කතාවක් කියනවද? භාග්‍යවතුන් වහන්සේගේ ධර්මය මං දන්නවා. එකම විඤ්ඤාණයක් තමයි මේ සංසාරයේ සැරිසරාගෙන යන්නේ. වෙන දෙයක් නෙමෙයි කියලා එහෙම කතාවක් ඔබ කියනවාද?' කියලා ඇහුවා.

ඇහුවහම සාති කිව්වා 'ඔව් ඇවැත්නි, ඒක ඇත්ත. මං එහෙම කතාවක් කියාගෙන යනවා. මට තේරෙන හැටියට නම් බුදුරජාණන් වහන්සේ වදාළේ ඒක තමයි. එකම විඤ්ඤාණයක් තමයි මේ භවයෙන් භවයට ඇවිදගෙන යන්නේ. වෙන දෙයක් නෙවෙයි.' එතකොට බුදුරජාණන් වහන්සේගේ ධර්මය තේරිච්ච අනිත් භික්ෂූන් වහන්සේලා කියනවා '**මා ඒවං ආවුසෝ සාති අවච** සාති, ඔය කතාව නම් ආයෙ කියන්ට එපා. **මා භගවන්තං අබ්භාචික්ඛි.** භාග්‍යවතුන් වහන්සේට අභූත

චෝදනා කරන්ට එපා. **න හි සාධු භගවතෝ අබ්භක්ඛානං.** භාග්‍යවතුන් වහන්සේ මෙහෙම වදාළා කිය කිය ඔය කතාව කියන එක එච්චර සුදුසු එකක් නෙවෙයි. **න හි භගවා ඒවං වදෙය්‍ය.** භාග්‍යවතුන් වහන්සේ කවදාවත් ඔය විදිහට භවයෙන් භවයට ගමන් කරන නොවෙනස් වන විඤ්ඤාණයක් ගැන දේශනා කළේ නෑ.' කියනවා.

විඤ්ඤාණය පටිච්ච සමුප්පන්නයි....

ඊළඟට කියනවා 'ඇවැත් සාති, භාග්‍යවතුන් වහන්සේ නොයෙක් අයුරින් පෙන්නලා තියෙනවා මේ විඤ්ඤාණය පටිච්ච සමුප්පාදයෙන් හටගන්න එකක්. හේතු ප්‍රත්‍ය ධර්මයන්ගෙන් හටගන්න එකක්. හේතුප්‍රත්‍ය ධර්මයන් නැතුව විඤ්ඤාණයක් උපදින්නේ නැහැ කියලා. ඒ නිසා දැන්වත් ඔය දෘෂ්ටිය අතඅරින්න' කිව්වා. ඒත් මෙයා අතඅරින්න ලෑස්ති නෑ. එයා කියනවා 'නෑ... ඔබවහන්සේලා කොහොම කිව්වත් මම මේක තේරුම් අරන් ඉන්නේ. මේ විඤ්ඤාණය ම තමයි භවයෙන් භවයට සැරිසරා යන්නේ. වෙන දෙයක් නෙවෙයි.' කියලා.

ඉතින් ඒ භික්ෂූන් වහන්සේලා කල්පනා කළා 'හරි වැඩේ මේ උන්නාන්සේ කරගන්නේ. මේ මතයේ ඉන්නකම් මෙයාට හේතුඵල දහම වැටහෙන්නේ නෑ. හේතුඵල දහම නොවැටහෙනකම් මාර්ගය ප්‍රකට වෙන්නේ නෑ. මාර්ගයේ බැසගන්නේ නෑ. මේකෙන් මෙයා විශාල අමාරුවක වැටෙනවා. මේක මෙයා කියන්ට ගොහින් අනිත් අයවත් අමාරුවේ දානවා.' කියලා.

ගිහින් බුදුරජාණන් වහන්සේට කිව්වා....

බැරිම තැන මේ භික්ෂූන් වහන්සේලා ගිහින් බුදුරජාණන් වහන්සේට කාරණය සැළකළා. "ස්වාමීනී

භාග්‍යවතුන් වහන්ස, කේවට්ටිපුත්‍රයෙක් වූ සාති භික්ෂුව මෙහෙම භයානක අදහසක් ඇතිකරගෙන ඉන්නවා. 'භාග්‍යවතුන් වහන්සේ වදාළ ධර්මය මට තේරුනා. එකම විඤ්ඤාණයක් තමයි මේ භවයෙන් භවයට සැරිසරාගෙන යන්නේ. වෙන දෙයක් නොවේය' කියලා. ඉතින් ස්වාමීනී, අපි ගිහින් මෙයාට කරුණු පැහැදිලි කළා 'ඇවැත් සාති, ඔය කතාව නම් ආයෙ කියන්ට එපා. භාග්‍යවතුන් වහන්සේට අභූත චෝදනා කරන්ට එපා. භාග්‍යවතුන් වහන්සේට අභූතයෙන් චෝදනා කිරීම සුදුසු දෙයක් නෙවෙයි. භාග්‍යවතුන් වහන්සේ කවදාවත් ඔය විදිහට භවයෙන් භවයට ගමන් කරන නොවෙනස් වන විඤ්ඤාණයක් ගැන දේශනා කළේ නෑ.

ඇවැත් සාති, භාග්‍යවතුන් වහන්සේ නොයෙක් අයුරින් පෙන්නලා තියෙනවා මේ විඤ්ඤාණය පටිච්ච සමුප්පාදයෙන් හටගන්න එකක්. හේතු ප්‍රත්‍ය ධර්මයන්ගෙන් හටගන්න එකක්. හේතුප්‍රත්‍ය ධර්මයන් නැතුව විඤ්ඤාණයක් උපදින්නේ නැහැ කියලා. ඒ නිසා දැන්වත් ඔය දෘෂ්ටිය අතඅරින්න' කියලා. ඒත් ස්වාමීනී, මෙයා අහන්නේ නෑ. අර දෘෂ්ටිය ම හිතේ තියාගෙන ඉන්නවා. ස්වාමීනී, අපි ඒකයි භාග්‍යවතුන් වහන්සේට මේක සැළකරන්න ආවේ" කිව්වා.

කර්මය තියෙන්නේ ආකාසේ...?

එතකොට බුදුරජාණන් වහන්සේ වෙනත් භික්ෂුවකට කතා කරලා 'එහෙනම් භික්ෂුව, ගිහින් සාතිට එන්න කියන්න' කිව්වා. ඒ භික්ෂූන් වහන්සේ ගිහින් සාති භික්ෂුවට කිව්වා 'ආන්න ඔබට භාග්‍යවතුන් වහන්සේ අඬගහනවා' කියලා. ඉතින් මේ සාති භික්ෂුවත් ඇවිල්ලා

භාග්‍යවතුන් වහන්සේට වන්දනා කරලා එකත්පස්ව වාඩිවුනා. එතකොට බුදුරජාණන් වහන්සේ ඇහුවා "හැබෑද සාති, ඔබ මේ වගේ වැරදි අදහසක ඉන්නවා කියන්නේ? 'භාග්‍යවතුන් වහන්සේ වදාළ දේශනාව මං දන්නවා. භවයෙන් භවයට සැරිසරාගෙන යන විඤ්ඤාණයක් තියෙනවා. වෙන දෙයක් නෙවෙයි භවයෙන් භවයේ සැරිසරාගෙන යන්නේ' කියලා?"

අදටත් මිනිස්සුන්ට ඔය විදිහේ එක එක අදහස් තියෙනවා. මම දැක්කා එක තැනක ලියල තියෙනවා කර්මය තියෙන්නේ ආකාසෙලු. අහසේ ඉඳලා රශ්මිධාරා වලින් බලපෑම් කරනවලු. එක එක්කෙනාට හිතෙන හිතෙන එක කියනවා. මට හිතෙන්නේ මෙහෙමයි, මට හිතෙන්නේ මෙහෙමයි කිය කිය කියනවා. ඒ වගේ එකක් තමයි මේ සාතිත් කිව්වේ. ඉතින් මෙයත් කියනවා 'එහෙමයි භාග්‍යවතුන් වහන්ස, භාග්‍යවතුන් වහන්සේ වදාළ ධර්මය මං මෙනෙහි කළා. මෙනෙහි කරලා මං තේරුම් ගත්තා මේ භවයෙන් භවයට ගමන් කරන්නේ එකම විඤ්ඤාණයක් ය කියලා.'

මොකක්ද ඒ විඤ්ඤාණය...?

එතකොට බුදුරජාණන් වහන්සේ අහනවා "**කතමං තං සාති විඤ්ඤාණං** සාති, මොකක්ද ඒ ඔබ භවයෙන් භවයට ගමන් කරනවාය කියලා කියන විඤ්ඤාණය?"

"**ය්වායං භන්තේ වදො ස්වාමීනී**, අපි මේ කතා කරන්නේ, **වේදෙයෙයා** සැප දුක් විඳින්නේ, **තත්‍ර තත්‍ර කල්‍යාණපාපකානං කම්මානං විපාකං පටිසංවේදේති** ඒ ඒ තැන්වල පින්පව් විපාක විඳින්නේ. ආන්න ඒකයි" කියනවා.

එතකොට බුදුරජාණන් වහන්සේ අහනවා "ඈ... හිස් පුරුෂයෝ, කාටද මං ඒ වගේ ධර්මයක් කියා දීලා තියෙන්නේ? **න නු මයා මෝඝපුරිස, අනේක පරියායේන පටිච්චසමුප්පන්නං විඤ්ඤාණං වුත්තං** හිස් පුරුෂය, මං නොයෙක් ආකාරයෙන් කියා දීලා තියෙනවා නේද මේ විඤ්ඤාණය පටිච්චසමුප්පන්නයි. හේතුප්‍රත්‍යයන්ගෙන් තොරව විඤ්ඤාණය හටගන්නේ නෑ කියලා?"

බොහෝ පව් රැස්වෙන දෘෂ්ටියක්....

මොකද අර විදිහේ කතාවක් කියාගෙන ගියහම ඒ කාලේ හිටපු අන්‍ය මත දරන තාපසවරුන්ටත් අන්‍ය දෘෂ්ටිකයින්ටත් හරි වාසියි. ඇයි 'ඕන්න ඕක ම තමයි අපි කියන්නෙත්. මේකට තමයි ආත්මය කියන්නේ. ඕක තමයි මහා බ්‍රහ්මයා මැව්වේ' කියලා ඒගොල්ලොත් කියන්න පටන් ගන්නවා. එතකොට මොකද වෙන්නේ, ඇත්ත වැහෙනවා.

ඉතින් බුදුරජාණන් වහන්සේ වදාළා "හිස් පුරුෂය, ඔබ වැරදි මතයක් අරගෙන ඒකෙන් අපටත් චෝදනා කරනවා. තමන්ගේ ගුණත් නසාගන්නවා. **බහුඤ්ච අපුඤ්ඤං පසවසි.** බොහෝ පව්ත් රැස් කරගන්නවා. **තං හි තේ මෝඝපුරිස භවිස්සති දීඝරත්තං අහිතාය දුක්ඛායාති.** හිස් පුරුෂය, ඔය කාරණය ඔබට බොහෝ කල් අහිත පිණිසමයි, දුක් පිණිසමයි හේතුවෙන්නේ" කියනවා. එතකොට බලන්න භාග්‍යවතුන් වහන්සේ නොවදාළ දෙයක්, තමන්ට යමක් වැටහුනා කියලා හඟවන්න බොරුවට කියාගෙන ගියොත් ඒකෙන් බොහෝ පව් රැස්වෙනවා.

බුද්ධ ශාසනේ රස්නෙවත් වැදිලා නෑ....

ඊටපස්සේ බුදුරජාණන් වහන්සේ එතන ඉන්න භික්ෂූන් වහන්සේලාගෙන් අහනවා "**තං කිම්මඤ්ඤථ භික්ඛවේ** මහණෙනි, මොකක්ද මේ ගැන හිතන්නේ? **අපි නයං සාති භික්ඛු කේවට්ටපුත්තෝ උස්මීකතෝපි ඉමස්මිං ධම්මවිනයේ.** මේ කේවට්ටපුත්‍ර සාති භික්ෂුවට මේ බුද්ධ ශාසනයේ රස්නෙවත් වැදිලා තියෙනවද?" '**කිං හි සියා භන්තේ** ස්වාමීනී, කොහොම වදින්ටද? **නෝ හේතං භන්තේ** ස්වාමීනී, මෙයාට බුද්ධ ශාසනේ රස්නෙවත් වැදිලා නෑ' කියනවා.

එහෙනම් මේ ධර්මය වැරදි විදිහට ඇල්ලුවොත් බුද්ධ ශාසනේ රස්නෙවත් වදින්නේ නෑ. දැන් බලන්න ධර්මයේ එක වචනයක් පටලවගෙනයි මේ රස්නෙවත් වැදිලා නැතෙයි කියන්නේ. මේ විදිහට කිව්වහම සාති භික්ෂුව නිශ්ශබ්ද වුනා. මූණ අකුලගත්තා. ඔලුව පල්ලෙහාට දාගෙන ඔහේ හිටියා. එතකොට බුදුරජාණන් වහන්සේ භික්ෂූන් වහන්සේලාට කියනවා "දැන් පේනවද මහණෙනි, මෙයා ඉන්න හැටි? මේ මෝඝ පුරුෂයාට තමන්ගේ වැරදි දෘෂ්ටිය නිසයි මෙහෙම ඉන්ට සිද්ධ වුනේ. මං දැන් භික්ෂූන්ගෙන් මේක අහන්නම්. මහණෙනි, මේ කේවට්ටපුත්‍ර සාති භික්ෂුව කියන ආකාරයේ ධර්මයක් මා විසින් දේශනා කළ බවක් ඔබ දන්නවාද?"

හේතු රහිතව විඤ්ඤාණයක් හටගන්නේ නෑ....

"නෑ ස්වාමීනී, අපි නම් එහෙම එකක් ගැන අහලා නෑ. ස්වාමීනී, භාග්‍යවතුන් වහන්සේ විසින් නොයේක් ආකාරයෙන් කියා දීලා තියෙන්නේ මේ විඤ්ඤාණය

පටිච්ච සමුප්පන්නයි, හේතුප්‍රත්‍යයන්ගෙන් තොරව විඤ්ඤාණයක් හටගන්නේ නෑ කියලයි.” ඒ කියන්නේ යම්කිසි විඤ්ඤාණයක් චුත වෙනවා නම්, ඒ චුතවෙන විඤ්ඤාණයත් හේතුප්‍රත්‍යයන්ගෙන් හටගත්තු එකක්. යම් විඤ්ඤාණයක් උපදිනවා නම්, ඒ උපදින විඤ්ඤාණයත් හේතුප්‍රත්‍යයන්ගෙන් හටගත්තු එකක්. හේතුප්‍රත්‍යයන් ගෙන් හටගත්ත දේ තුළ තියෙන ස්වභාවය මොකක්ද? උපකාරක ධර්ම ඇතිවෙනකොට උපදිනවා. උපකාරක ධර්ම නැතිවෙනකොට නැතිවෙනවා. ඒක තමයි ඒකේ තියෙන ස්වභාවය. එහෙනම් මේ විඤ්ඤාණය කියන්නේ අනිත්‍ය එකක්. අනිත්‍ය නම් ඒක දුකයි. අනිත්‍ය නම් දුක නම් ඒක තමාගේ වසඟයේ පවත්වන්න බෑ. ඒක අනාත්මයි. මෙන්න මේ කියන ලක්ෂණ වලින් යුක්ත දෙයක් විඤ්ඤාණය කියලා කියන්නේ.

බොහොම හොඳයි මහණෙනි....

භික්ෂූන් වහන්සේලා මේ විදිහට පිළිතුරු දුන්නහම බුදුරජාණන් වහන්සේ වදාළා “**සාධු භික්ඛවේ** හොඳයි මහණෙනි, **සාධු ඛෝ මේ තුම්හේ භික්ඛවේ ඒවං ධම්මං දේසිතං ආජානාථ.** බොහොම හොඳයි මහණෙනි, මේ විදිහට මං ධර්මය දේශනා කළා කියලා දැනගෙන ඉන්න එක. මහණෙනි, මං නොයේක් ආකාරයෙන් පෙන්වා දුන්නා මේ විඤ්ඤාණය හටගන්නේ පටිච්ච සමුප්පාදයෙන් කියලා. උපකාරක ධර්ම වලින් තොරව විඤ්ඤාණයක් හටගන්නේ නෑ කියලා. ඒ වුනාට දැන් බලන්න මේ සාති භික්ෂුව තමන් වරදවා ගත්තු දෙයින් අපටත් චෝදනා කරනවා. තමන්ගේ ගුණත් නසාගන්නවා. බොහෝ පව්ත් රැස්කරගන්නවා. ඒක මේ හිස් පුද්ගලයාට බොහෝ කල් අහිත පිණිස, දුක පිණිස පවතිනවා.” කිව්වා.

සය ආකාර වූ විඤ්ඤාණය....

ඊටපස්සේ බුදුරජාණන් වහන්සේ වදාළා "මහණෙනි, විඤ්ඤාණය උපදින්නේ යම් කරුණක් නිසාද, විඤ්ඤාණය හඳුන්වන්නේ ඒ කාරණාවේ නමින්. ඇසත් රූපත් නිසා විඤ්ඤාණය උපදිනවා නම් ඒකට කියනවා ඇසේ විඤ්ඤාණය (**චක්ඛු විඤ්ඤාණය**) කියලා. කනත් ශබ්දත් නිසා විඤ්ඤාණය උපදිනවා නම් ඒකට කියනවා කනේ විඤ්ඤාණය (**සෝත විඤ්ඤාණය**) කියලා. නාසයත් ගඳසුවඳත් නිසා විඤ්ඤාණය උපදිනවා නම් ඒකට කියනවා නාසයේ විඤ්ඤාණය (**ඝාන විඤ්ඤාණය**) කියලා. දිවත් රසත් නිසා විඤ්ඤාණය උපදිනවා නම් ඒකට කියනවා දිවේ විඤ්ඤාණය (**ජිව්හා විඤ්ඤාණය**) කියලා. කයත් පහසත් නිසා විඤ්ඤාණය උපදිනවා නම් ඒකට කියනවා කයේ විඤ්ඤාණය (**කාය විඤ්ඤාණය**) කියලා. මනසත් අරමුණුත් නිසා විඤ්ඤාණය උපදිනවා නම් ඒකට කියනවා මනසේ විඤ්ඤාණය (**මනෝ විඤ්ඤාණය**) කියලා.

ගින්නට නම් යෙදීම....

මහණෙනි, ඒක මේ වගේ දෙයක්. යමකින් යමකින් ගින්නක් හටගනියි නම්, ඒ ගින්න හටගන්න උදව් වෙච්ච දෙයින් තමයි ඒ ගින්න හඳුන්වන්නේ. ගින්න ඇවිලුනේ දරගොඩකින් නම් ඒකට කියන්නේ දරගින්න කියලා. ගින්න ඇවිලුනේ ලීගොඩකින් නම් ඒකට කියන්නේ ලීගින්න කියලා. ගින්න ඇවිලුනේ තණකොළ ගොඩකින් නම් ඒකට කියන්නේ තණගින්න කියලා. ගින්න ඇවිලුනේ ගොමගොඩකින් නම් ඒකට කියන්නේ ගොමගින්න කියලා. ගින්න ඇවිලුනේ දහයියා ගොඩකින් නම් ඒකට කියන්නේ දහයියා ගින්න කියලා.

ගින්න ඇවිලුනේ කසළගොඩකින් නම් ඒකට කියන්නේ කසළ ගින්න කියලා. මොන ක්‍රමයකට හරි ගින්නක් ඇවිලුනොත්, ඇවිලෙන්න උදව් වෙච්ච දේ නාමයෙන් අර ගින්න හඳුන්වනවා.

මහණෙනි, මේ විදිහට ගින්නක් ඇවිලෙන්න උපකාර වෙච්ච දේවල්වල නමින් ගින්න හඳුන්වනවා වගේ ඇසත් රූපයත් නිසා හටගන්න විඤ්ඤාණයට චක්ඛු විඤ්ඤාණය කියලා කියනවා. කනත් ශබ්දත් නිසා හටගන්න විඤ්ඤාණයට සෝත විඤ්ඤාණය කියලා කියනවා. නාසයත් ගඳසුවඳත් නිසා හටගන්න විඤ්ඤාණයට ඝාන විඤ්ඤාණය කියලා කියනවා. දිවත් රසයත් නිසා හටගන්න විඤ්ඤාණයට ජිව්හා විඤ්ඤාණය කියලා කියනවා. කයත් පහසත් නිසා හටගන්න විඤ්ඤාණයට කාය විඤ්ඤාණය කියලා කියනවා. මනසත් අරමුණුත් නිසා හටගන්න විඤ්ඤාණයට මනෝ විඤ්ඤාණය කියලා කියනවා."

ආහාරවලින් සකස් වෙච්ච දෙයක්....

ඊටපස්සේ බුදුරජාණන් වහන්සේ අහනවා "**භූතමිදන්ති භික්ඛවේ පස්සථාති.** මහණෙනි, මේ ජීවිතේ සකස් වෙච්ච දෙයක් කියලා දකිනවාද?" "**ඒවං භන්තේ** එහෙමයි ස්වාමීනී." "**තදාහාරසම්භවන්ති භික්ඛවේ පස්සථාති.** මේක සකස්වෙන්නේ ආහාරවලින් කියලා දකිනවාද?" "එහෙමයි ස්වාමීනී" "**තදාහාරනිරෝධා යං භූතං තං නිරෝධධම්මන්ති භික්ඛවේ පස්සථාති.** මේ ආහාර (හේතුකාරක ධර්මයන්) නැතිවුනහම මේ සකස් වෙච්ච දේ නැතිවෙලා යනවා කියලා දකිනවාද?" "එහෙමයි ස්වාමීනී."

ඊළඟට අහනවා "මහණෙනි, මේක සකස් වෙච්ච

දෙයක් ද, සකස් වෙච්ච දෙයක් නෙවෙයිද, කිය කිය සැකයෙන් බලන්න ගියොත් විචිකිච්ඡාව හටගන්නවා නේද?" "එහෙමයි ස්වාමීනී" "මේක ආහාරවලින් උපදින දෙයක්ද, නැද්ද කිය කිය සැකයෙන් බලන්න ගියාමත් විචිකිච්ඡාව හටගන්නවා නේද?" "එහෙමයි ස්වාමීනී" "මේ උපකාරක ධර්මයන් නිරුද්ධ වෙද්දි මේ හටගත්තු දේ නිරුද්ධ වෙනවාද, නැද්ද කිය කිය සැකයෙන් කල්පනා කරන්න ගියාමත් විචිකිච්ඡාව හටගන්නවා නේද?" "එහෙමයි ස්වාමීනී"

දියුණු කළ ප්‍රඥාවෙන් යථාර්ථය දැකීම....

ඊටපස්සේ අහනවා "මහණෙනි, මේක සකස් වෙච්ච දෙයක් කියලා **යථාභූතං සම්මප්පඤ්ඤාය පස්සතෝ** යථා ස්වභාවය දියුණු කරපු ප්‍රඥාවෙන් දැක්කොත් මේ ගැන තියෙන විචිකිච්ඡාව නැතිවෙලා යනවා නේද?" "එහෙමයි ස්වාමීනී" "මේක ආහාර හටගැනීමෙන් හටගත්තු දෙයක් කියලා යථා ස්වභාවය දියුණු කරපු ප්‍රඥාවෙන් දැක්කොත් ඒ කෙරෙහි තියෙන විචිකිච්ඡාව නැතිවෙනවා නේද?" "එහෙමයි ස්වාමීනී" "ආහාර නිරුද්ධ වීමෙන්, උපකාරක ධර්මයන් නැතිවීමෙන් ඒ හටගත්තු දේ නිරුද්ධ වී යන ස්වභාවයෙන් යුක්තයි කියලා යථා ස්වභාවය දියුණු කරපු ප්‍රඥාවෙන් දැක්කොත් මේ ගැන තියෙන විචිකිච්ඡාව නැතිවෙලා යනවා නේද?" "එහෙමයි ස්වාමීනී."

එහෙනම් අපට විචිකිච්ඡාවක් හෝ සැකයක් හෝ වෙනත් මොනවාහරි අවුලක් හෝ හටගන්නවා නම් හටගන්නේ මොකක් නැතිවීමෙන්ද? යථාභූත ඤාණය නැතිවීමෙන්. අපේ ජීවිත ස්වභාවය ඒ ආකාරයෙන් ම අවබෝධ වුනා නම් ඒකට කියනවා යථාභූත ඤාණය

කියලා. යථාභූත ඤාණය ඇතිවුනා නම් සැකයක් හටගන්නේ නෑ. මේ සාතිට භවයෙන් භවයට ගමන් කරන විඤ්ඤාණයක් තියෙනවා කියලා මේ වගේ ආරවුල් හටගත්තේ මොකක් නිසාද? යථාභූත ඤාණය සාති තුළ ඇතිවෙච්ච නැති නිසා. යථාභූත ඤාණය ඇති නොවුනේ ඇයි? බුදුරජාණන් වහන්සේ වදාළ ආකාරයට නුවණින් විමසුවේ නැති නිසා. ඒ කියන්නේ උන්වහන්සේ වදාළ ධර්මය සරණ ගියේ නෑ කියන එකයි.

කිසිම සැකයක් නෑ....

ඊළඟට බුදුරජාණන් වහන්සේ භික්ෂූන් වහන්සේලාගෙන් අහනවා "මහණෙනි, මේ ස්කන්ධ - ධාතු - ආයතනයන්ගෙන් යුතු මේ ජීවිතය සකස් වෙච්ච දෙයක් කියලා මේ ගැන ඔබ නිසැකවද ඉන්නේ?" "එහෙමයි ස්වාමීනී" කියනවා. (ඒ කියන්නේ රූප වේදනා සඤ්ඤා සංඛාර විඤ්ඤාණ වශයෙන් බැලුවත්, ඇස කන නාසය දිව කය මනස වශයෙන් බැලුවත් පඨවි ආපෝ තේජෝ වායෝ වශයෙන් බැලුවත් මේ ඔක්කොම හේතුප්‍රත්‍ය ධර්මයන්ගෙන් සකස් වෙච්ච දේවල්ය කියලා ඒ භික්ෂූන් වහන්සේලා තුළ සැකයක් නෑ.)

"මේ ජීවිතය උපකාරක ධර්මයන්ගෙන් (ආහාරවලින්) හටගත්තු දෙයක් කියන එක ගැනත් සැකයක් නෑ නේද?" කියලා අහනවා. "එහෙමයි ස්වාමීනී, අපිට ඒ ගැනත් කිසිම සැකයක් නෑ" කියනවා. ඊටපස්සේ අහනවා "ඒ හේතුප්‍රත්‍ය ධර්මයන් නිරුද්ධ වීමෙන් මේ හටගත්තු දේවල් නිරුද්ධ වෙලා යනවා කියන කාරණය ගැනත් ඔබට සැකයක් නෑ නේද?" "එහෙමයි ස්වාමීනී, අපිට ඒ ගැනත් කිසිම සැකයක් නෑ" කියනවා.

ධර්මය දැකපු සඟ පිරිසක්....

ඊටපස්සේ අහනවා "මහණෙනි, මේ ජීවිතය සකස් වෙච්ච දෙයක් බව දියුණු කරපු ප්‍රඥාවෙන් යථාර්ථය මනාකොට දැක්ක ද?" "එහෙමයි ස්වාමීනී" "මහණෙනි, මේ ජීවිතය හටගන්නේ ආහාර වලින් බව දියුණු කරපු ප්‍රඥාවෙන් යථාර්ථය මනාකොට දැක්කද?" "එහෙමයි ස්වාමීනී" "මහණෙනි, ආහාර නිරුද්ධ වීමෙන් ඒ සකස් වෙච්ච ජීවිතය නිරුද්ධ වන ස්වභාවයෙන් යුක්ත බව දියුණු කරපු ප්‍රඥාවෙන් යථාර්ථය මනාකොට දැක්කද?" "එහෙමයි ස්වාමීනී" කියනවා.

ඔන්න ඊළඟට මේ දේශනාවේ තමන්ගේ අවබෝධය ගැන හුවාදක්වන අයට හොඳ උත්තරයක් තියෙනවා. බුදුරජාණන් වහන්සේ අහනවා "මහණෙනි, ඔච්චර පැහැදිලි, ඔච්චර පිරිසිදු ඔබේ ඔය සම්මා දිට්ඨියට පවා ඔබ **අල්ලීයේථ** ඇලුණොත්, **කේළායේථ** සෙල්ලමට ගත්තොත්, **ධනායේථ** ධනයක් කරගත්තොත්, **මමායේථ** මගේ ය කියල අල්ලගත්තොත්, **කුල්ලූපමං ධම්මං දේසිතං ආජානෙය්‍යාථ** මං ඔබට පහුරක් උපමා කොට කියා දුන්න මේ ධර්මය ඔබ අවබෝධ කරගනීවිද? **නිත්ථරණත්ථාය නෝ ගහණත්ථාය** ග්‍රහණය කරගන්නෙ නැතුව, එතෙර වෙන්න කියා දීපු මේ ධර්මය ඔබ අවබෝධ කරගනීවිද?" කියලා අහනවා. භික්ෂූන් වහන්සේලා පිළිතුරු දෙනවා "නෑ ස්වාමීනී, අවබෝධ කරගන්නෙ නෑ." කියලා.

පහුරක් උපමා කොට වදාළ ධර්මය....

එහෙමනම් මේ ධර්මය ගැන යම්කිසි කෙනෙකුට අවබෝධයක් ඇතිවුනොත් 'මට මේක අවබෝධ වුනා...

මේක මට පැහැදිලි වුනා... මට ප්‍රකට වුනා... මට දැන් ලස්සනට පේනවා... කිය කිය තමන්ව ඉස්මතු කර කර කියන්න දෙයක් මේකේ නෑ. ඒකට නෙවෙයි මේ ධර්මය තියෙන්නේ. මේ ධර්මය තියෙන්නේ පහුරක් වගේ පාවිච්චි කරන්නයි. එතෙර වීම පිණිස මිසක් ග්‍රහණය කරගන්න නෙවෙයි.

ඊටපස්සේ බුදුරජාණන් වහන්සේ අහනවා "මහණෙනි, ඔච්චර පැහැදිලි, ඔච්චර පිරිසිදු සම්මා දිට්ඨියට (හේතුඵල දහම ගැන අවබෝධයට) පවා ඔබ ඇලෙන්නෙ නැත්නම්, සෙල්ලමට ගන්නෙ නැත්නම්, ධනයක් කරගන්නෙ නැත්නම්, මගේ ය කියල ගන්නෙ නැත්නම්, මහණෙනි, අන්න එතකොට නේද මං ඔබට පහුරක් උපමා කොට කියා දීපු ධර්මය අවබෝධ වෙන්නේ? අන්න එතකොට නේද ග්‍රහණය කරගන්නෙ නැතුව, එතෙර වෙන්න කියා දීපු ධර්මය අවබෝධ වෙන්නෙ?" භික්ෂූන් වහන්සේලා පිළිතුරු දෙනවා "එහෙම යි ස්වාමීනි." කියලා.

එතෙර වීම පිණිසයි....

එහෙනම් අපගේ භාග්‍යවතුන් වහන්සේ මේ ධර්මය දේශනා ශ්‍රාවකයන්ට කරේ තියාගෙන නටන්ටද? නෑ. සෙල්ලමට ගන්ටද? නෑ. ධනයක් හැටියට තියාග න්ටද? නෑ. මගේ මගේ කියලා අයිතිවාසිකම් හදාගන්ටද? නෑ. එහෙනම්? **නිත්ථරණත්ථාය** එතෙර වීමටයි. **නෝ ගහණත්ථාය** ග්‍රහණය කරගැනීමට නෙවෙයි. ඒකයි ඒ කාලේ ගිහි පැවිදි කාටත් මේ ධර්මය අවබෝධ කරගන්ට පුළුවන් වුනේ. ඒ අය ධර්මය ධර්මය හැටියට තේරුම් ගත්තා. ඒකට අයිතිවාසිකම් කියන්ට ගියේ නෑ. තමන්ගේ

අවබෝධයට තමන් අයිතිවාසිකම් කියනවා කියන්නේ විහිලුවක් නේද?

මෙතෙර භය සහිතයි....

බුදුරජාණන් වහන්සේ වදාළේ මේ ධර්මය පහුරක් හැටියට පාවිච්චි කරන්න කියලයි. උන්වහන්සේ දේශනා කළානේ ආසිවිසෝපම සූත්‍රයේදී මෙතෙර ඉන්න කෙනෙකුට තියෙන අනතුරු ගැන. සතර මහාභූත නමැති භයානක විෂඝෝර සර්පයෝ හතර දෙනෙක් පස්සෙන් පන්නගෙන එනවා. පංච උපාදානස්කන්ධය නමැති භයානක වධකයෝ පස් දෙනෙක් පස්සෙන් පන්නගෙන එනවා. රූප ශබ්ද ගන්ධ රස ස්පර්ශ අරමුණු නමැති භයානක සොරු කණ්ඩායමක් පස්සෙන් පන්නගෙන එනවා.

ප්‍රමාදයක් දුටු තැන කොටන්නං කියලා කඩුවක් ඔසොවාගත්තු තණ්හාව නමැති වධකයෙකුත් පස්සෙන් පන්නගෙන එනවා. මේ ඔක්කෝගෙන් ම බේරෙන්න හිතාගෙන දුවගෙන යනකොට සැඩපහර සහිත ගංගාවක් හම්බ වුනා. දැන් මෙතෙර භය සහිතයි. එතෙර භය රහිතයි. කොහොමහරි එතෙරට ගියොත් මේ ඔක්කෝගෙන් ම නිදහස්.

ධර්මය කුමක් පිණිසද...?

ඊටපස්සේ මෙයා ඉක්මනට ලී කෑලි ටිකක් හොයාගෙන, වැල් පොටවල් වලින් ගැටගහලා පහුරක් හදාගන්නවා. හදාගෙන වතුරට දාලා පහුරේ දිගාවෙලා වීරියෙන් උත්සාහයෙන් අතින් පයින් ගගහා එතෙරට යනවා. ඒ විදිහට එතෙර වුනාට පස්සේ එයා ඒ පහුර කරේ තියාගෙන යන්නේ නෑ. ඒක එයා එතනම දාලා යනවා. එයාට ආයෙ ඒ පහුරෙන් ප්‍රයෝජනයක් නෑ.

අන්න ඒ විදිහටයි මේ ධර්මය අල්ලන්න ඕනෙ. බලන්න බුදු කෙනෙක් පහළ වෙලා දේශනා කරන ධර්මය තියෙන්නේ කුමක් පිණිසද කියලා කොච්චර පැහැදිලිද.

ආහාර සතරක්....

ඊටපස්සේ බුදුරජාණන් වහන්සේ වදාළා **"චත්තාරෝමේ භික්ඛවේ ආහාරා භූතානං වා සත්තානං ඨිතියා** මහණෙනි, මේ හටගත්තු සත්වයන්ට පවතින්ටත් **සම්භවේසීනං වා අනුග්ගහාය** සකස් වෙන සත්වයන්ට අනුග්‍රහ පිණිසත් ආහාර හතරක් තියෙනවා. ඒ කියන්නේ දැන් අපි සියලු දෙනාම ගත්තොත් හටගත්තු සත්වයෝ. උපන්න සත්වයෝ. අපි කලින් ආත්මෙක කොහේහරි ඉඳලා ඒ ආත්මෙන් චුතවුනා. ඊටපස්සේ අපි මේ ජීවිතේ මව්කුසක උපන්නා. ඔන්න මව්කුසෙන් එළියට ඇවිල්ලා දැන් ජීවත් වෙනවා. ටික ටික අපි මේ මනුස්ස ලෝකෙ ජීවත් වියයුතු ආකාරයට හැඩගැහුනා.

ඔය අතරේ අපි නොයේක් කෙලෙස් වලට බඳුන් වෙනවා. නොයෙක් අර්බුද වලට බඳුන් වෙනවා. අපේ වචනය පාවිච්චි වෙනවා. කය පාවිච්චි වෙනවා. සිත පාවිච්චි වෙනවා. මේකට කියනවා හටගත්තු සත්වයා කියලා. මේ හටගත්තු සත්වයාට පැවැත්මට උදව් කරන, ආයෙ උපදින සත්වයන්ටත් උදව් කරන ආහාර හතරක් තියෙනවා. පළවෙනි එක තමයි **කබලිංකාරෝ ආහාරෝ ඕළාරිකෝ වා සුඛුමෝ වා.** ගොරෝසු වූ හෝ සියුම් වූ හෝ කබලිංකාර ආහාරය. ඒ කියන්නේ අපි මේ අනුභව කරන, කන බොන දේවල්. ඒවා අතර ගොරෝසු ආහාරත් තියෙනවා, සියුම් ආහාරත් තියෙනවා. දැන් මේ ආත්මේ අපි අනුභව කරන්නේ ගොරෝසු ආහාර තමයි. සියුම් ආහාර නෙමෙයි. දෙවියන්

වගේ අය අනුභව කරන්නේ සියුම් ආහාර.

ස්පර්ශයත් ආහාරයක්....

ඊළඟ ආහාරය තමයි **ඵස්සො දුතියො**. ඵස්ස කිව්වේ ස්පර්ශය. දෙවෙනි ආහාරය ස්පර්ශයයි. එහෙනම් අපි මේ කන බොන දේවල් විතරක් නෙමෙයි අපේ පැවැත්මට උදව් කරන්නේ. ඇහෙන් රූපයක් දකින්න කරුණු තුනක් එකතු කරලා දෙනවා. මොනවද ඒ කරුණු තුන? ඇසයි රූපයයි විඤ්ඤාණයයි. එතකොට ජේනවා. ඒක ස්පර්ශ ආහාරය. කනෙන් ශබ්දයක් අහන්ට කරුණු තුනක් එකතු කරලා දෙනවා. ඒ තමයි කනයි ශබ්දයයි විඤ්ඤාණයයි. ඒක කනේ ස්පර්ශය. ඒක තමයි ස්පර්ශ ආහාරය. නාසයෙන් ගඳසුවඳ දැනගන්ට කරුණු තුනක් එකතු කරලා දෙනවා. මොනවද ඒ? නාසයයි ගඳසුවඳයි විඤ්ඤාණයයි. ඒක නාසයේ ස්පර්ශය. ඒක මේ පැවැත්මට උදව් කරනවා.

ඊළඟට දිවට රස දැනෙන්න කරුණු තුනක් එකතු වෙනවා. මොනවද ඒ? දිවයි රසයයි විඤ්ඤාණයයි. ඒක දිවේ ස්පර්ශයයි. ඒකත් ආහාරයක්. ඊළඟට කයට පහස දැනෙන්ට කරුණු තුනක් එකතු වෙනවා. ඒ තමයි කයයි පහසයි විඤ්ඤාණයයි. ඒක කයේ ස්පර්ශය. ඒකත් ආහාරයක්. අපි හිතින් හිතනකොට කරුණු තුනක් එකතුවෙලා. මොනවද ඒ? මනසයි අරමුණුයි විඤ්ඤාණයයි එකට එකතු වෙලා. ඒකට කියන්නේ මනසේ ස්පර්ශය. ඒකත් ආහාරයක්. එතකොට ස්පර්ශ ආහාරයත් උදව් කරනවා මේ භව පැවැත්මට.

චේතනාවත් ආහාරයක්....

ඊළඟ ආහාරය **මනෝ සංචේතනා**. සිත මුල්කරගත්

චේතනා. තවත් විදිහකින් කියනවා නම් කර්මය. චේතනා පහළ කර කර තමයි ඉදිරියට අපි ගෙනියන්නේ. ඒ චේතනා පහළ කර කර ඉදිරියට ගෙනියනකොට කර්ම විපාක හැදෙන එක නවත්තන්න බෑ. ඒක තමයි මනෝ සංචේතනා ආහාරය. ඒකට අනුකූලව වෙනස් වෙවී යන තව එකක් තියෙනවා. ඒක තමයි විඤ්ඤාණය. ඒක තියෙන්නෙත් මේ පැවැත්මට උදව් කරන්නයි. ඒකට කියන්නේ විඤ්ඤාණ ආහාරය. එතකොට කබලිංකාර ආහාරය, ස්පර්ශ ආහාරය, මනෝ සංචේතනා ආහාරය, විඤ්ඤාණ ආහාරය කියන මෙන්න මේ හතර තමයි භව පැවැත්මට උදව් කරන්නේ.

ඉතින් බුදුරජාණන් වහන්සේ දේශනා කරනවා "මහණෙනි, මේ ආහාර හතරේ පදනම මොකක්ද? මොකෙන්ද මේ ආහාර හතර උපදින්නේ? මොකක්ද මේ ආහාර හතරේ ප්‍රභව ස්ථානය? මොකෙන්ද මේ ආහාර හතරේ උප්පත්තිය වෙන්නේ? කබලිංකාර ආහාරය, ස්පර්ශය ආහාරය, මනෝ සංචේතනා ආහාරය, විඤ්ඤාණ ආහාරය කියන මේ හතර ම හටගන්නේ මොකෙන්ද?" කියලා. බුදුරජාණන් වහන්සේ වදාළා "මහණෙනි, මේ ආහාර හතර පවතින්නේ තණ්හාව මුල් කරගෙනයි. තණ්හාව හේතු කරගෙනයි. තණ්හාව උපත කරගෙනයි. තණ්හාව ප්‍රභව කරගෙනයි" කියලා.

තණ්හාවේ නිදානය....

ඊටපස්සේ බුදුරජාණන් වහන්සේ අහනවා " මහණෙනි, කුමක්ද මේ තෘෂ්ණාවට පදනම? කුමකින්ද මේ තෘෂ්ණාව හටගන්නේ? කුමකින්ද තෘෂ්ණාව උපදින්නේ? කුමකින්ද තෘෂ්ණාව ප්‍රභවය වන්නේ? තණ්හා

වේදනානිදානා විඳීම තමයි තෘෂ්ණාවට පදනම. විඳීමෙන් තමයි තෘෂ්ණාව හටගන්නේ. විඳීමෙන් තමයි තෘෂ්ණාව උපදින්නේ. විඳීමෙන් තමයි තෘෂ්ණාව ප්‍රභවය වන්නේ."

ඊළඟට අහනවා "මහණෙනි, විඳීම හටගන්නේ මොකෙන්ද? විඳීම උපදින්නේ මොකෙන්ද? විඳීම ප්‍රභවය වන්නේ මොකෙන්ද? මහණෙනි, විඳීමට පදනම තමයි ස්පර්ශය. ස්පර්ශයෙන් හටගන්නේ. ස්පර්ශයෙන් උපදින්නේ. ස්පර්ශයෙන් විඳීම සකස් වෙන්නේ. මොකක්ද ස්පර්ශය? ඇසේ ස්පර්ශය, කනේ ස්පර්ශය, නාසයේ ස්පර්ශය, දිවේ ස්පර්ශය, කයේ ස්පර්ශය, මනසේ ස්පර්ශය.

ආයතන හයෙන් ම පටිච්ච සමුප්පාදය....

හොඳට මතක තියාගන්න පින්වත්නි, අපි දැන් කිව්වනේ ස්පර්ශය කියලා හයක් ගැන. මේ හයේ ම පටිච්ච සමුප්පාදය හැදෙනවා. ඇහෙනුත් පටිච්ච සමුප්පාදය හැදෙනවා. කනෙනුත් පටිච්ච සමුප්පාදය හැදෙනවා. නාසයෙනුත් පටිච්ච සමුප්පාදය හැදෙනවා. දිවෙනුත් පටිච්ච සමුප්පාදය හැදෙනවා. කයෙනුත් පටිච්ච සමුප්පාදය හැදෙනවා. මනසිනුත් පටිච්ච සමුප්පාදය හැදෙනවා.

ඊළඟට බුදුරජාණන් වහන්සේ වදාළා "මහණෙනි, ස්පර්ශයට පදනම මොකක්ද? ස්පර්ශය මොකෙන්ද උපදින්නේ? මොකෙන්ද ස්පර්ශයේ සම්භවය? මහණෙනි, ස්පර්ශයේ පදනම ආයතන හයයි. ආයතන හයෙන් තමයි ස්පර්ශය උපදින්නේ. මොනවද ආයතන හය? ඇස, කන, නාසය, දිව, කය, මනස. මේ ආයතන හයේම හය ආකාරයට පටිච්ච සමුප්පාදය හැදෙනවා. එතකොට

පටිච්ච සමුප්පාදයෙන් බේරිච්ච අවස්ථාවක් බේරුණු මොහොතක් මේ සසරේ සැරිසරා යන අවිද්‍යා සහගත සත්වයෙකුට නෑ.

ආයතන හය නාමරූප නිසයි....

ඊටපස්සේ බුදුරජාණන් වහන්සේ අහනවා "මහණෙනි, ආයතන හයේ පසුබිම මොකක්ද? ආයතන හය මොකෙන්ද උපදින්නේ? ආයතන හයේ සම්භවය කුමක්ද? මහණෙනි, මේ ආයතන හය පවතින්නේ නාමරූප මුල් කරගෙනයි. නාමරූප හේතු කරගෙනයි. නාමරූප උපත කරගෙනයි. නාමරූප ප්‍රභව කරගෙ නයි." නාමරූපය නොතිබුනා නම් මේ ආයතන හය නෑ. එහෙනම් නාමරූපයන්ගේ ක්‍රියාකාරීත්වයේ ප්‍රතිඵලය තමයි ඇහැ. නාමරූපයේ ප්‍රතිඵලය තමයි කන. නාමරූපයේ ප්‍රතිඵලය තමයි නාසය. නාමරූපයේ ප්‍රතිඵලය තමයි දිව. නාමරූපයේ ප්‍රතිඵලය තමයි කය. නාමරූපයේ ප්‍රතිඵලය තමයි මනස. මේ හය ම නාමරූපයන් නිසා හටගත්තේ.

නාමරූප කියන්නේ මොනවද? පඨවි ධාතු, ආපෝ ධාතු, තේජෝ ධාතු, වායෝ ධාතු කියන සතර මහාභූතයනුත් සතර මහා භූතයන්ගෙන් හටගන්න දේවලුත් රූප. නාම කියන්නේ වේදනා, සඤ්ඤා, චේතනා, ඵස්ස, මනසිකාර කියන මේ පහට. පින්වත්නි, හොඳට මතක තියාගන්න ඕනෙ අපි මේ කතා කරන්නේ බාහිර විස්තරයක් නෙවෙයි. පිටසක්වල දෙයක් නෙවෙයි. වෙනත් රටක, වෙනත් ලෝකෙක තියෙන කතාවක් නෙවෙයි. මේ මොකක්ද මේ කතා වෙන්නේ? තම තමන්ගේ ජීවිත පැවැත්මේ ස්වභාවය ගැන.

අවිද්‍යාව සිඳබිඳගෙන යාම....

නමුත් මේක අපිට එකපාරට ම නොවැටහෙන්න පුළුවන්. හේතුව අපි කාලයක් තිස්සේ මෙබඳු ආකාරයට කල්පනා කළේ නැති නිසා. අපි කාලයක් තිස්සේ කල්පනා කළේ කොහොමද? තමන් කියලා වෙනම ලෝකෙකුත් තමන්ගෙන් පිටස්තර වෙනම ලෝකෙකුත්. ඊළඟට තමන් කියන එකට වෙනම අයිතිවාසිකමකුත්. තමන්ගෙන් පිටස්තර එකට වෙන එකකුත්. මේ විදිහට කල්පනා කරන්න පුරුදු වෙච්ච නිසා ඒ කල්පනාවෙන් තමයි ඔක්කොම අර්බුද ටික හටගත්තේ. ඒ නිසා එබඳු රටාවක් බිඳගෙන සිඳ බිඳගෙන මේ විදිහට හේතුඵල වශයෙන් කල්පනා කරනවා කියන්නේ මේක බලසම්පන්න විදිහට හිතේ හැකියාවක් තියෙන්න ඕනෙ. හිතේ ලොකු ප්‍රඥාවක් තියෙන්න ඕනෙ. ඒක තේරුම් ගන්න ආකාරයට හිතේ ප්‍රබෝධයක්, අවදියක් තියෙන්න ඕනෙ.

හේතුවක් නිසා....

ඊළඟට බුදුරජාණන් වහන්සේ වදාළා "මහණෙනි, නාමරූපයන්ගේ පසුබිම මොකක්ද? නාමරූප මොකෙන්ද උපදින්නේ? නාමරූප මොකෙන්ද හටගන්නේ? මහණෙනි, නාමරූපයන්ගේ පසුබිම විඤ්ඤාණයයි. විඤ්ඤාණයෙන් තමයි මේ නාමරූපයන්ගේ පැවැත්මට උදව් කරන්නේ. විඤ්ඤාණය තමයි මේ නාමරූපයන් උපද්දවලා දෙන්නේ." ඊළඟට බුදුරජාණන් වහන්සේ වදාළා "මහණෙනි, මේ විඤ්ඤාණයට පසුබිම මොකක්ද? විඤ්ඤාණය මොකෙන්ද උපදින්නේ? විඤ්ඤාණය හටගන්නේ මොකෙන්ද?

මහණෙනි, විඤ්ඤාණය හටගන්නේ සංස්කාර පසුබිම් කරගෙන. සංස්කාරයන්ගෙන් විඤ්ඤාණය උපදින්නේ. සංස්කාරයන්ගෙන් විඤ්ඤාණයේ සම්භවය වෙන්නේ. මහණෙනි, සංස්කාරයන් කුමක් පසුබිම කරගෙ නද තියෙන්නේ? සංස්කාරයන් කුමකින්ද උපදින්නේ? මහණෙනි, සංස්කාරයන් උපදින්නේ අවිද්‍යාවෙන්. අවිද්‍යාව තමයි සංස්කාරයන්ට පසුබිම. අවිද්‍යාව තමයි අත්තිවාරම. අවිද්‍යාවෙන් තමයි උපදින්නේ."

සමස්ත දුක්ඛස්කන්ධයේ ම හටගැනීම....

මොකක්ද අවිද්‍යාව කියන්නේ? දුක ආර්ය සත්‍යයක් හැටියට දන්නේ නෑ. මේ දුක උපදින්න හේතුවෙච්ච හැබෑ කාරණය මොකක්ද කියලා දන්නේ නෑ. මේ දුක නිරුද්ධ වෙන්නේ කොහොමදැයි කියලා දන්නේ නෑ. දුක නිරුද්ධ වන්නා වූ මාර්ගය මොකක්දැයි කියලා දන්නේ නෑ. ඒ නොදන්නාකම තමයි කියනවා මේකේ පසුබිම. "ඒ නිසා මහණෙනි, මේක තේරුම් ගන්න මේ විදිහට අවිද්‍යාව නිසාය සංස්කාර හටගන්නේ. සංස්කාර නිසාය විඤ්ඤාණය හටගන්නේ.

විඤ්ඤාණය නිසාය නාමරූප හටගන්නේ. නාමරූප නිසාය ආයතන හය හටගන්නේ. ආයතන හය නිසාය ස්පර්ශය හටගන්නේ. ස්පර්ශය නිසාය විඳීම හටගන්නේ. විඳීම නිසාය තණ්හාව හටගන්නේ. තණ්හාව නිසාය උපාදාන හටගන්නේ. උපාදාන නිසාය භවය හටගන්නේ. භවය නිසාය උපදින්නේ. ඉපදීම නිසාය ජරාමරණ සෝකවැලපීම් දුක් දොම්නස් සුසුම් හෙළීම් ආදිය හටගන්නේ. මහණෙනි, සමස්ත දුකේම උපත ඕකයි" කියනවා.

කෙළවරක් නැති දුක් දොම්නස්....

මට මේ ළඟදි කිව්වා එක්කෙනෙක් අර පොඩි කොළපාට කුරුල්ලෝ ජාතියක් ඉන්නේ පොළොස් කොට්ටෝරුවෝ කියලා. වෙන කුරුල්ලෙක් ඇවිල්ලා ඒ කුරුලු පැටියෙකුගේ ඇහැ ගලවගෙන. ඒ කුරුල්ලා කෙඳිරි ගගා ඇවිල්ලා ඒ පන්සලට. ආවහම මේ ස්වාමීන් වහන්සේලා කරුණාවෙන් ඒ කුරුල්ලා අරගෙන ගිහිල්ලා දොස්තර මහත්තයෙක් ළඟට ගියාම ඒ ඇහැ ගලවපු තැනට මැහුම් තුනක් දාලා. දාලා බෙහෙතුත් පොවලා කුරුළු පැටියා ගෙනල්ලා කූඩුවක දාලා තිබ්බා.

ඒ කුරුලු පැටියත් එක්ක තව කුරුලු පැටියෙක් හිටියා. අර ඇහැ ගලවපු කුරුල්ලා කොටන්න ඇවිල්ලා ඒ කුරුලු පැටියත් දූවගෙන ආවා. එතකොට ඒ කුරුලු පැටියටත් කිරි ටිකක් පොවලා අර කූඩුවෙන් ම තිබ්බා. උදේ බලද්දි අර බෙහෙත් දාපු කුරුල්ලා මැරිලා. ඒ කුරුල්ලව කන්න දිමියෝ ඇවිල්ලා. දිමියෝ ඒ කුරුල්ලවත් කාලා, අර පණ පිටින් හිටිය කුරුල්ලවත් කාලා. මොකක්ද හේතුව? ඉපදීම. ඒ ආත්මයේ ඒ විදිහට උපන්නේ නැත්නම් ඒ වගේ එකකට මූණ දෙනවද? නෑ.

ඔබට මොකක්ද මේ ගැන හිතෙන්නේ...?

ඊටපස්සේ බුදුරජාණන් වහන්සේ භික්ෂූන් වහන්සේලාගෙන් අහනවා "**ජාති පච්චයා ජරාමරණන්ති ඉති බෝ පනේතං වුත්තං** මහණෙනි, මේ ධර්මයේ කියලා තියෙනවා ඉපදීම නිසා ජරාමරණ ඇතිවෙන බව. මහණෙනි, ඔබට මොකක්ද මේ ගැන හිතෙන්නේ? **ජාති පච්චයා නු බෝ භික්ඛවේ ජරාමරණං නෝ වා. කථං වෝ**

එත්ථ හෝති. මේ ජරාමරණ තියෙන්නේ ඉපදීම නිසාද නැද්ද?" කියලා අහනවා. එතකොට භික්ෂූන් වහන්සේලා පිළිතුරු දෙනවා "**ජාති පච්චයා භන්තේ ජරාමරණං. ඒවං නෝ එත්ථ හෝති ජාති පච්චයා ජරාමරණං.** ස්වාමීනී, ඉපදීම නිසයි ජරාමරණ හටගන්නේ. අපිට මෙහෙමයි මේ ගැන හිතෙන්නේ. ඉපදීම නිසාමයි ජරාමරණ" කියලා.

පටිච්ච සමුප්පාදය දන්නෙ නැති කෙනෙකුට කොහොමද හිතෙන්නේ? 'අනේ මං මෙතනින් මැරිලා ගිහිල්ලා වෙන කරදරයක් නැති තැනක උපන්නා නම් කොයිතරම් හොඳද' කියලා හිතෙනවද නැද්ද? හිතෙනවා. අපිට හිතෙන්නේ මේ ජීවිතයේ තමයි මේ කරදර කම්කටොලු දුක් දොම්නස් ඔක්කොම තියෙන්නේ. ඊළඟ ජීවිතේ නෑ. වෙන තැනක ගිහිල්ලා ඉපදුනාට පස්සේ අපිට මේ දුක නෑ කියලයි. කොහේ ගියත් තියෙන්නේ එකම දුක කියන කාරණය එන්නේ ඉපදීම නිසයි ජරාමරණ හටගන්නේ කියන අවබෝධයත් එක්කයි.

භවය නිසා ම යි ඉපදීම....

ඊළඟට බුදුරජාණන් වහන්සේ අහනවා "මහණෙනි, භවය නිසා ඉපදෙනවාය කියලා කාරණාවක් කිව්වා. මහණෙනි, භවය නිසාද ඉපදෙන්නේ, භවය නිසා නොවේද? ඔබට කොහොමද හිතෙන්නේ මේ ගැන?" කියලා අහනවා. එතකොට භික්ෂූන් වහන්සේලා පිළිතුරු දෙනවා "**භව පච්චයා භන්තේ ජාති. ඒවං නෝ එත්ථ හෝති. භව පච්චයා ජාති.** ස්වාමීනී, ඉපදීම භවය නිසයි. අපට මේ ගැන මෙහෙමයි හිතෙන්නේ. භවය නිසාමයි ඉපදීම."

දැන් බලන්න මේ කියන කරුණු සම්බන්ධයෙන්

ඒ භික්ෂූන් වහන්සේලාට කිසි අවුලක් තියෙනවද? වාද භේද තියෙනවද ඉපදෙන්න හේතුවුනේ අරක, නෑ මේක කිය කිය? ඒ මොකද ඒ? වාද හටගන්නේ ඒක පැහැදිලිව පේන්නේ නැති නිසා. දන්නෙ නැති නිසා. දැන් මේ කතා කරන භික්ෂූන් වහන්සේලා පැහැදිලිව ම මේ ධර්මය දන්න, දැකපු අය. ඒකයි වාදභේද නැත්තේ.

ධර්මය දැකපු ශ්‍රාවක පිරිසක්....

ඊටපස්සේ බුදුරජාණන් වහන්සේ අහනවා ඒ භික්ෂූන් වහන්සේලාගෙන් "මහණෙනි, කාරණයක් කියවෙනවා මේ පටිච්ච සමුප්පාදයේ උපාදාන නිසා භවය (විපාක පිණිස කර්ම සකස් වීම) හටගන්නවා කියලා. මහණෙනි, මේ භවය හටගන්නේ උපාදානයන්ගෙන් ද? උපාදානයන්ගෙන් නොවෙයිද? ඔබට කොහොමද මේ ගැන හිතෙන්නේ?" කියලා අහනවා. එතකොට භික්ෂූන් වහන්සේලා කියනවා "ස්වාමීනී, භවය හටගන්නේ උපාදාන නිසයි. අපට හිතෙන්නෙත් ඒ විදිහට ම යි. උපාදානය නිසා ම යි භවය හටගන්නේ" කියලා.

ඊටපස්සේ බුදුරජාණන් වහන්සේ අහනවා "තණ්හාව නිසා උපාදාන ඇතිවෙනවා කියල මං ප්‍රකාශයක් කළා. මහණෙනි, තණ්හාව නිසා ද උපාදාන ඇතිවෙන්නෙ? වෙන විදිහකින් ද? ඒ ගැන ඔබ කොහොම ද හිතන්නෙ?" කියලා. උපාදාන කියන්නේ යම්කිසි දේකට දැඩිව ග්‍රහණය වීම. උපාදාන හතරක් තියෙනවා. ඒ තමයි කාම උපාදාන, දිට්ඨි උපාදාන, සීලබ්බත උපාදාන, අත්තවාද උපාදාන.

දරුණු ම බන්ධනය....

කාම උපාදාන කිව්වේ ප්‍රිය මනාප, මිහිරි, සිත් ඇඳබැඳ ගන්න යම් රූප - ශබ්ද - ගන්ධ - රස - ස්පර්ශ ඇත්ද, මේවට තමන්ගේ හිත කොටුවෙනවා. තමන්ගේ හිත මේකට හිරවෙනවා. නැවත නැවත ඒකම මතක් වෙනවා. ඒ හිරවිල්ලෙන් තමන්ට ගැලවෙන්න බෑ. ආන්න ඒකට කියනවා කාම උපාදාන කියලා. දෘෂ්ටි උපාදාන කියන්නේ යම් යම් දෘෂ්ටි මතවාද ගත්තහම ඒකෙන් තමන්ට ගැලවෙන්න බෑ. සීලබ්බත උපාදාන කියන්නේ යම් යම් සීලව්‍රත වලට ග්‍රහණය වුනාම ඒකෙන් ගැලවෙන්න බෑ. අත්තවාද උපාදාන කියන්නේ මම ය, මාගේ ය, මාගේ ආත්මය කියන හැඟීමෙන් තමන්ට ගැලවෙන්න බෑ.

මේ විදිහට මේවායින් ගැලවෙන්න බැරි විදිහට හිර වෙන්නේ තෘෂ්ණාව නිසයි. **තණ්හා පච්චයා උපාදානං.** තෘෂ්ණාව කියන්නේ ආශ්වාදය ඇති කරලා දෙන අරමුණට තමන්ගේ හිත ඇදිලා යෑම. ආශ්වාදජනක රූපෙට හිත ඇදිලා යනවා. ඒක රූප තණ්හා. ආශ්වාදජනක ශබ්දයට හිත ඇදිලා යනවා. ඒක ශබ්ද තණ්හා. ආශ්වාදජනක සුවඳට හිත ඇදිලා යනවා. ඒක ගන්ධ තණ්හා. ආශ්වාදජනක රසයට හිත ඇදිලා යනවා. ඒක රස තණ්හා. ආශ්වාදජනක පහසට හිත ඇදිලා යනවා. ඒක ඵොට්ඨබ්බ තණ්හා. මේවා හිත හිත ඉන්න හිත ඇදිලා යනවා. ඒක ධම්ම තණ්හා.

පියුම් පත නොරඳනා - දිය බිඳක් විලසට....

බුදුරජාණන් වහන්සේ අහනවා "මහණෙනි, මේ

උපාදාන ඇතිවෙන්නේ තණ්හාවෙන්ද නැත්ද?" එතකොට භික්ෂූන් වහන්සේලා කියනවා "භාග්‍යවත් බුදුරජාණන් වහන්ස, තණ්හාවෙන් ම යි උපාදාන හටගන්නේ. ඒ ගැන එහෙමමයි අපට හිතෙන්නේ. **තණ්හා පච්චයා උපාදානං.** මේ තෘෂ්ණාව නිසාමයි ගැලවෙන්න බැරි" කියලා. ආශ්වාදජනක අරමුණු වලට හිත ඇදිලා යන ස්වභාවය නැත්නම් මොනතරම් ප්‍රියමනාප අරමුණක් ඉදිරියේ වුනත් එයාගේ හිත නෙළුම් කොලේ තියෙන වතුර බින්දුවක් වගේ. නෙළුම් කොලේ පාත් කරනකොට වතුරු බිංදුව හැලෙනවා. වතුර බින්දුව ඒකේ පිහිටලා නෑ. ඒ වගේ එයාගේ හිතේ කිසි කාමයක් පිහිටන්නේ නෑ.

අවබෝධය සඳහා සුදුසුකම්....

ඊටපස්සේ බුදුරජාණන් වහන්සේ අහනවා "මහණෙනි, විඳීම නිසයි තණ්හාව උපදින්නේ කියලා ප්‍රකාශයක් වදාළා. මහණෙනි, ඔබට කොහොමද මේ ගැන හිතෙන්නේ? තණ්හාව උපදින්නේ විඳීම නිසාද නැද්ද?" කියලා අහනවා. ඉතින් භික්ෂූන් වහන්සේලා කියනවා "ස්වාමීනී, විඳීම නිසාමයි තණ්හාව උපදින්නේ. අපේ අදහසත් ඕකමයි." දැන් බලන්න හොඳට කල්පනාවෙන් විමසන කෙනෙක් නේද මේක අල්ලගන්නේ? මේක අල්ලගන්න බොහෝම තැන්පත්, බොහෝම කල්පනාකාරී, වැටහෙන ස්වභාවයකින් යුක්ත මනසක් ඕනෙ. මේක නිකම් ම නිකම් හිතට වැටහෙන එකක් නෙමෙයි. බොහෝ කාලයක් මේ අනුකූලව හිත පුරුදු කරන්න ඕනෙ. එතකොට තමයි මේ කියන කාරණා හරියි කියලා යාන්තම් ඡායාමාත්‍ර පැහැදීමක්වත් ඇතිවෙන්නේ.

බුද්ධ වචනයයි අත්දැකීමයි එකක්....

ඊටපස්සේ බුදුරජාණන් වහන්සේ අහනවා "මහණෙනි, ඵස්ස පච්චයා වේදනා ස්පර්ශය නිසා විඳීම ඇතිවෙනවා කියලා කාරණාවක් කියවුනා. මහණෙනි, මේ ගැන කොහොමද ඔබට හිතෙන්නේ? ස්පර්ශය නිසාද වේදනාවක් ඇතිවෙන්නේ? ස්පර්ශයෙන් නොවේද?" එතකොට භික්ෂූන් වහන්සේලා පිළිතුරු දෙනවා "ස්වාමීනී, අපට භාග්‍යවතුන් වහන්සේ වදාළා ස්පර්ශය නිසා වේදනාව හටගන්නවා කියලා. අපටත් ඒ විදිහටමයි තේරිලා තියෙන්නේ. ස්පර්ශය නිසාමයි විඳීම හටගන්නේ."

දැන් බලන්න බුද්ධ වචනයයි අත්දැකීමයි වෙනස්ද? බුද්ධ වචනයයි අත්දැකීමයි එකයි. බුද්ධ වචනය එකක් වෙලා අත්දැකීම වෙනින් එකක් වුනොත් එහෙනම් බුද්ධ වචනය ප්‍රායෝගිකව වටිනාකමක් නෑ. කවුරුහරි කිව්වොත් 'ආ... ඔය පොතේ තියෙන එක කියන්න එපා. අත්දැකීම වෙනින් එකක්' කියලා කිව්වොත් එහෙනම් බුදුරජාණන් වහන්සේ වදාරලා තියෙන ධර්මයේ සන්දිට්ඨික, අකාලික, ඒහිපස්සික මේ ගුණ මුකුත් නෑ. බුද්ධ දේශනාවේ යමක් තිබේද අත්දැකීමත් ඒකමයි. වෙන එකක් නෙමෙයි.

සැබෑ අවබෝධය....

බුද්ධ වචනයයි අත්දැකීමයි දෙකක් නම් බුදුරජාණන් වහන්සේ 'මහණෙනි, ස්පර්ශය ප්‍රත්‍යයෙන් ද වේදනාව හටගන්නේ, වෙන කරුණකින්ද?' කියලා ඇහුවා ම එහෙනම් භික්ෂූන් වහන්සේලා උත්තර දෙන්න එපැයි 'භාග ්‍යවතුන් වහන්ස, ස්පර්ශය ප්‍රත්‍යයෙන් වේදනාව කියලා තිබුනට අපට අවබෝධ වෙලා තියෙන්නේ මෙහෙම

එකක්' කියලා වෙනින් එකක් කියන්න එපැයි. එහෙම එකක් තියෙනවද මේකේ? කියනවා 'භාග්‍යවතුන් වහන්ස, අපටත් මේ විදිහටමයි මේක තේරුම් ගිහිල්ලා තියෙන්නේ. ස්පර්ශය ප්‍රත්‍යයෙන් ම යි විඳීම හටගන්නේ කියලා.

ඊටපස්සේ අහනවා "මහණෙනි, ආයතන හය ප්‍රත්‍යයෙන් ස්පර්ශය ඇතිවෙනවා කියලා කාරණාවක් කියවුනා. ආයතන හයෙන්ද ස්පර්ශය හටගන්නේ, නැද්ද? ඔබට කොහොමද මේ ගැන හිතෙන්නේ?" කියලා අහනවා. ඉතින් භික්ෂූන් වහන්සේලා කියනවා "භාග්‍යවත් බුදුරජාණන් වහන්ස, අපි තේරුම් ගත්තෙත් මේ විදිහමයි. ආයතන හය නිසා ම යි ස්පර්ශය හටගන්නේ" කියනවා.

සන්දිට්ඨික වූ බුදුබණ....

දැන් එතකොට බලන්න ශාස්තෘන් වහන්සේ, ශාස්තෘන් වහන්සේගේ ධර්මය, ශ්‍රාවකයා, ශ්‍රාවකයාගේ අවබෝධය මේ එකක්වත් පැටලිලා තියෙනවද? එකකවත් පැටලීමක් නෑ. අවුලක් නෑ. ශාස්තෘන් වහන්සේ යමක් දේශනා කරනවද, ඒක ධර්මයයි. ධර්මය අනුගමනය කරනවද ශ්‍රාවකයා, අවබෝධය ත් ඒක ම යි. දැක්කද මේ ධර්මයේ තියෙන සන්දිට්ඨික බව.

ඊටපස්සේ බුදුරජාණන් වහන්සේ අහනවා "නාමරූප ප්‍රත්‍යයෙන් ආයතන හය හටගන්නවා කියලා කාරණයක් කියවුනා. මහණෙනි, නාමරූප ප්‍රත්‍යයෙන්ද ආයතන හය හටගන්නේ, නැද්ද? කොහොමද ඔබට මේ ගැන හිතෙන්නේ?" කියලා අහනවා. "ස්වාමීනී, නාමරූප ප්‍රත්‍යයෙන් ආයතන හය හටගන්නවා කියලා කාරණයක් කියවුනා. ස්වාමීනී, අපට වැටහුනෙත් ඔය විදිහටමයි. මේ

ආයතන හය හටගන්නේ නාමරූප නිසා ම යි."

විඤ්ඤාණය නිසයි නාමරූප....

දැන් බලන්න එතකොට ඒ භාග්‍යවතුන් වහන්සේ වදාළ ධර්මය ඒ ඒ භික්ෂූන් වහන්සේට අවබෝධ වෙලා නැද්ද? අවබෝධ වෙලා. අවබෝධ වෙලා තියෙන්නේ ඒ කියාපු හැටියටයි. වෙනත් විදිහකට නෙවෙයි. ඊළඟට බුදුරජාණන් වහන්සේ අහනවා "**විඤ්ඤාණ පච්චයා නාමරූපං** කියලා කාරණයක් කියවුනා. මහණෙනි, මේ ගැන ඔබට කොහොමද අවබෝධ වුනේ? විඤ්ඤාණය ප්‍රත්‍යයෙන්ද නාමරූප? විඤ්ඤාණය ප්‍රත්‍යයෙන් නෙමෙයිද?" කියලා අහනවා. එතකොට භික්ෂූන් වහන්සේලා කියනවා "ස්වාමීනී, විඤ්ඤාණය ප්‍රත්‍යයෙන් නාමරූප කියලා කියවුනා. අපට ඇතිවුනෙත් ඒ කාරණය ගැන අවබෝධය ඒ විදිහට ම තමයි. විඤ්ඤාණය ප්‍රත්‍යයෙන් ම යි නාමරූප ඇතිවෙන්නේ."

සංස්කාර නිසයි විඤ්ඤාණය....

ඊළඟට අහනවා "**සංඛාර පච්චයා විඤ්ඤාණන්ති බෝ පනේතං වුත්තං.** කාරණයක් කියවුනා සංස්කාර නිසා, සංස්කාර හේතු කරගෙන විඤ්ඤාණය හටගන්නවා කියලා. මහණෙනි, විඤ්ඤාණය හටගන්නේ සංස්කාර වලින් ද නැද්ද? ඔබට කොහොමද මේ ගැන හිතෙන්නේ?" "ස්වාමීනී, අපට හිතෙන්නෙත් මේ විදිහට ම යි. සංස්කාර වලින් තමයි විඤ්ඤාණය හටගන්නේ" කියලා.

ඊළඟට අහනවා "අවිද්‍යාව නිසා සංස්කාර හටගන්නවා කියලා කාරණයක් කියවුනා. මහණෙනි,

ඔබට කොහොමද හිතෙන්නේ? සංස්කාර හටගන්නේ අවිද්‍යාවෙන් ද නැද්ද?" "ස්වාමීනී, ඔය විදිහට ම යි අපිට අවබෝධ වුනෙත්. මේ සංස්කාර හටගන්නේ අවිද්‍යාවෙන් ම යි." "**සාධු භික්ඛවේ** බොහොම හොඳයි මහණෙනි, **ඉති බෝ භික්ඛවේ තුම්හේපි ඒවං වදේථ.** එහෙනම් මහණෙනි, මේ ගැන ඔබ කියන්නෙත් ඔය විදිහටයි. **අහම්පි ඒවං වදාමි.** මමත් කියන්නෙ ඔය විදිහට ම යි.

මෙය ඇති කල්හි මෙය වේ....

ඉමස්මිං සති ඉදං හෝති. මෙය ඇති කල්හි මෙය වේ. **ඉමස්සුප්පාදා ඉදං උප්පජ්ජති.** මෙය උපදින කල්හි මෙය උපදී. **යදිදං අවිජ්ජා පච්චයා සංඛාරා.** ඒ කියන්නේ අවිද්‍යාව නිසා සංස්කාර හටගන්නවා. **සංඛාර පච්චයා විඤ්ඤාණං.** සංස්කාර නිසා විඤ්ඤාණ හටගන්නවා. **විඤ්ඤාණ පච්චයා නාමරූපං.** විඤ්ඤාණ නිසා නාමරූප හටගන්නවා. **නාමරූප පච්චයා සළායතනං.** නාමරූප නිසා ආයතන හය හටගන්නවා. **සළායතන පච්චයා ඵස්සෝ.** ආයතන නිසා ස්පර්ශය හටගන්නවා.

ඵස්ස පච්චයා වේදනා. ස්පර්ශය නිසා විඳීම හටගන්නවා. **වේදනා පච්චයා තණ්හා.** විඳීම නිසා තණ්හාව හටගන්නවා. **තණ්හා පච්චයා උපාදානං.** තණ්හාව නිසා උපාදාන හටගන්නවා. **උපාදාන පච්චයා භවෝ.** උපාදාන නිසා භවය හටගන්නවා. **භවපච්චයා ජාති.** භවය නිසා උපදිනවා. ඉපදීම හේතුවෙන් ජරා, මරණ, සෝක, වැළපීම්, දුක්, දොම්නස්, සුසුම් හෙලීම් ඇතිවෙනවා. ඔන්න ඔය විදිහටයි මේ මුළු මහත් දුක ම හටගන්නේ.

අනවරාග්‍ර වූ සංසාරය....

එක්තරා අවස්ථාවක බ්‍රාහ්මණයෙක් ඇවිල්ලා බුදුරජාණන් වහන්සේගෙන් අහනවා "ස්වාමීනී, මේ වෙද්දි කල්ප කීයක් අතීතට ගෙවිලා ගිහිල්ලා තියෙනවද?" කියලා. "බ්‍රාහ්මණය, මෙච්චර කල්ප ගාණක් අතීතයට ගෙවිලා ගියා කියලා ගණන් කරලා කියන්න බෑ" කියනවා. උපමාවකින් දක්වන්න පුළුවන් ද කියලා අහනවා. උපමාවකින් පුළුවන් කියනවා. "බ්‍රාහ්මණය, ගංගා නම් ගඟ පටන් ගන්න තැන ඉඳලා මුහුදට වැටෙන තැන දක්වා යම්තාක් වැලිකැට ප්‍රමාණයක් ඇත්ද, ඊටත් වඩා කල්ප ප්‍රමාණයක් අතීතයට ගෙවිලා ගියා" කියනවා.

එතකොට මේ ගෙවී ගිය කල්ප පුරාම එක එක ආත්මවල අපි සැරිසරා ගියේ නැද්ද? ඒ හැම ආත්මෙම අපි ගිහිල්ලා තියෙන්නේ මේ පටිච්ච සමුප්පාද රටාවෙන් නේද? මේ පටිච්ච සමුප්පාද රටාව වෙනස් කරන ආකාරයේ උපකාරක ධර්මයන් අපිට ලැබුනේ නෑ. ඒ නොලැබීම හේතුවෙන් තමයි නැවත නැවත දිගින් දිගට යන්න වෙලා තියෙන්නේ. හැබැයි මේ පටිච්ච සමුප්පාද රටාව බිඳවැටුනොත් භව ගමන නැතිවෙලා යනවා.

දුකෙහි අවසානය....

බුදුරජාණන් වහන්සේ වදාළා **අවිජ්ජායත්වේව අසේසවිරාග නිරෝධා** ඒ අවිද්‍යාව ම ඉතිරි නැතිව නිරුද්ධ වීමෙන් සංස්කාර නිරුද්ධ වෙනවා. සංස්කාර නිරුද්ධ වීමෙන් විඤ්ඤාණය නිරුද්ධ වෙනවා. විඤ්ඤාණය නිරුද්ධ වීමෙන් නාමරූප නිරුද්ධ වෙනවා. නාමරූප නිරුද්ධ වීමෙන් ආයතන හය නිරුද්ධ වෙනවා. ආයතන හය නිරුද්ධ වීමෙන් ස්පර්ශය නිරුද්ධ වෙනවා. ස්පර්ශය

නිරුද්ධ වීමෙන් විඳීම නිරුද්ධ වෙනවා. වේදනා නිරුද්ධ වීමෙන් තණ්හාව නිරුද්ධ වෙනවා. තණ්හාව නිරුද්ධ වීමෙන් උපාදාන නිරුද්ධ වෙනවා. උපාදාන නිරුද්ධ වීමෙන් භවය නිරුද්ධ වෙනවා. භවය නිරුද්ධ වීමෙන් ඉපදීම නිරුද්ධ වෙනවා. ඉපදීම නිරුද්ධ වීමෙන් ජරාමරණ සෝක වැලපීම් දුක් දොම්නස් සුසුම් හෙළීම් සියලු දේ නිරුද්ධ වෙනවා. මේ විදිහට සියලුම දුක් කන්දරාවේ අවසානය සිද්ධ වෙනවා.

ඉපදීම නිරුද්ධ නම් ජරාමරණ නෑ....

ඊළඟට බුදුරජාණන් වහන්සේ අහනවා භික්ෂූන් වහන්සේලාගෙන් "මහණෙනි, ඉපදීම නිරුද්ධ වීමෙන් ජරාමරණ නිරුද්ධ වෙනවාය කියලා කාරණයක් කියවුනා. ඔබට ඒ ගැන හිතෙන්නේ කොහොමද? ඉපදීම නිරුද්ධ වීමෙන් ද ජරාමරණ නිරුද්ධ වෙන්නේ, වෙනත් දෙයක් නිරුද්ධ වීමෙන්ද?" එතකොට භික්ෂූන් වහන්සේලා පිළිතුරු දෙනවා "ස්වාමීනී, ඉපදීම නිරුද්ධ වීමෙන් ජරාමරණ නිරුද්ධ වෙයි කියලා කාරණයක් වදාළා. අපිට අවබෝධ වුනෙත් ඔය විදිහට ම යි. ඉපදීම නිරුද්ධ වීමෙනුයි ජරාමරණ නිරුද්ධ වෙන්නේ."

එහෙනම් පටිච්ච සමුප්පාදයේ සමුදය ගැන අවබෝධයත් ශාස්තෘන් වහන්සේගෙයි ශ්‍රාවකයාගෙයි වෙනසක් නෑ. පටිච්ච සමුප්පාදය නිරෝධය ගැන අවබෝධයත් ශාස්තෘන් වහන්සේගෙයි ශ්‍රාවකයාගෙයි වෙනසක් නෑ. ඊටපස්සේ අහනවා "භවය නිරුද්ධ වීමෙන් ඉපදීම නිරුද්ධ වෙනවාය කියලා කාරණයක් කියවුනා. මහණෙනි, ඔබට කොහොමද මේක තේරුනේ? භවය නිරුද්ධ වීමෙන් ද ඉපදීම නිරුද්ධ වෙන්නේ,

වෙනත් දේකින්ද?” “ස්වාමීනී, භවය නිරුද්ධ වීමෙන් ඉපදීම නිරුද්ධ වෙයි කියලා කාරණයක් කියවුනා. අපට අවබෝධ වුනෙත් ඔය විදිහටමයි. භවය නිරුද්ධ වීමෙන් තමයි ඉපදීම නිරුද්ධ වෙලා යන්නේ.”

උපාදාන නිරුද්ධ වීමෙන් භවය නිරුද්ධ වේ....

ඊටපස්සේ අහනවා “මහණෙනි, උපාදාන නිරුද්ධ වීමෙන් භවය නිරුද්ධ වෙනවා කියලා කාරණයක් කියවුනා. ඔබට මේක අවබෝධ වුනේ කොහොමද? උපදාන නිරුද්ධ වීමෙන්ද භවය නිරුද්ධ වුනේ, වෙන එකකින් ද?” එතකොට භික්ෂූන් වහන්සේලා උත්තර දෙනවා “ස්වාමීනී, උපාදාන නිරුද්ධ වීමෙන් භවය නිරුද්ධ වෙනවා කියලා භාග්‍යවතුන් වහන්සේ වදාළා. අපට අවබෝධ වුනෙත් ඕකමයි. උපාදාන නිරුද්ධ වීමෙන් ම යි භවය නිරුද්ධ වෙන්නේ.”

ඊටපස්සේ අහනවා “මහණෙනි, තණ්හාව නිරුද්ධ වීමෙන් උපාදාන නිරුද්ධ වෙනවා කියලා කාරණයක් කියවුනා. ඔබට කොහොමද මේක අවබෝධ වුනේ? තණ්හාව නිරුද්ධ වීමෙන්ද උපාදාන නිරුද්ධ වෙන්නේ, නැද්ද?” “ස්වාමීනී, භාග්‍යවතුන් වහන්ස, තෘෂ්ණාව නිරුද්ධ වීමෙන් උපාදාන නිරුද්ධ වෙනවා කියලා භාග්‍යවතුන් වහන්සේ වදාළා. අපිට අවබෝධ වුනෙත් ඔය විදිහටමයි. තෘෂ්ණාව නිරුද්ධ වීමෙන් තමයි උපාදාන නිරුද්ධ වෙන්නේ” කියලා.

ස්වාමීනී, අපේ අවබෝධයත් ඕක ම යි....

ඊටපස්සේ බුදුරජාණන් වහන්සේ අහනවා “මහණෙනි, විඳීම නිරුද්ධ වීමෙන් තෘෂ්ණාව නිරුද්ධ

වෙනවා කියලා ප්‍රකාශයක් කියවුනා. ඔබට මේක අවබෝධ වුනේ කොහොමද? විඳීම නිරුද්ධ වීමෙන්ද තෘෂ්ණාව නිරුද්ධ වන්නේ වෙනත් දේකින්ද?" "ස්වාමීනී, විඳීම නිරුද්ධ වීමෙන් තෘෂ්ණාව නිරුද්ධ වෙනවා කියලා යම් ප්‍රකාශයක් වදාළාද, අපේ අවබෝධයත් ඕක ම යි. විඳීම නිරුද්ධ වීමෙන් තමයි තෘෂ්ණාව නිරුද්ධ වෙන්නේ."

ඊටපස්සේ බුදුරජාණන් වහන්සේ අහනවා "මහණෙනි, ස්පර්ශය නිරුද්ධ වීමෙන් විඳීම නිරුද්ධ වේ කියලා ප්‍රකාශයක් කියවුනා. ඔබේ අවබෝධය මොකක්ද මේක ගැන? ස්පර්ශය නිරුද්ධ වීමෙන්ද විඳීම නිරුද්ධ වෙන්නේ, වෙනත් දේකින්ද?" "ස්වාමීනී, විඳීම නිරුද්ධ වන්නේ ස්පර්ශය නිරුද්ධ වීමෙන් කියලා භාග්‍යවතුන් වහන්සේ වදාළා. අපටත් ඒ විදිහටමයි අවබෝධ වුනේ." කියනවා.

ස්පර්ශ නිරෝධය....

ඊටපස්සේ අහනවා "ආයතන හය නිරුද්ධ වීමෙන් ස්පර්ශය නිරුද්ධ වෙනවා කියලා ප්‍රකාශයක් කියවුනා. ඔබට අවබෝධ වුනේ කොහොමද මේ ගැන? ආයතන හය නිරුද්ධ වීමෙන්ද ස්පර්ශය නිරුද්ධ වෙන්නේ, වෙනත් දේකින්ද?" එතකොට භික්ෂූන් වහන්සේලා උත්තර දෙනවා "ස්වාමීනී ආයතන හය නිරුද්ධ වීමෙන් ස්පර්ශය නිරුද්ධ වෙනවා කියලා ප්‍රකාශයක් කියවුනා. අපටත් මේක මේ විදිහටමයි තේරුනේ. ආයතන හය නිරුද්ධ වීමෙන් තමයි ස්පර්ශය නිරුද්ධ වෙන්නේ කියලා."

ඊටපස්සේ බුදුරජාණන් වහන්සේ අහනවා "නාමරූප නිරුද්ධ වීමෙන් ආයතන හය නිරුද්ධ වෙනවා

කියල මං ප්‍රකාශයක් කළා. මහණෙනි, නාමරූප නිරුද්ධ වීමෙන් ද ආයතන හය නිරුද්ධ වෙන්නෙ? එහෙම නැත්නම් වෙන විදිහකින් ද? ඔබට මේ ගැන කොහොමද හිතෙන්නෙ?" "ස්වාමීනී, නාමරූප නිරුද්ධ වීමෙන් ම යි ආයතන හය නිරුද්ධ වන්නෙ. ඒ ගැන අපට හිතෙන්නෙත් ඒ විදිහට ම යි. නාමරූප නිරුද්ධ වීමෙන් ආයතන හය නිරුද්ධ වෙනවා කියල."

විඤ්ඤාණ නිරෝධය....

ඊටපස්සේ බුදුරජාණන් වහන්සේ අහනවා "විඤ්ඤාණය නිරුද්ධ වීමෙන් නාමරූප නිරුද්ධ වෙනවා' කියල මං ප්‍රකාශයක් කළා. මහණෙනි, විඤ්ඤාණය නිරුද්ධ වීමෙන් ද නාමරූප නිරුද්ධ වෙන්නෙ? එහෙම නැත්නම් වෙන විදිහකින් ද? ඔබට මේ ගැන කොහොමද හිතෙන්නෙ?" "ස්වාමීනී, විඤ්ඤාණය නිරුද්ධ වීමෙන් ම යි නාමරූප නිරුද්ධ වන්නෙ. ඒ ගැන අපට හිතෙන්නෙත් ඒ විදිහට ම යි. විඤ්ඤාණය නිරුද්ධ වීමෙන් නාමරූප නිරුද්ධ වෙනවා කියල."

ඊළඟට අහනවා "**සංඛාර නිරෝධා විඤ්ඤාණ නිරෝධෝ** මහණෙනි, සංස්කාරයන් නිරුද්ධ වීමෙන් විඤ්ඤාණය නිරුද්ධ වෙනවා කියලා ප්‍රකාශයක් කියවුනා. ඔබට මේක කොහොමද තේරුනේ? තථාගතයන් වහන්සේ දේශනා කරපු විදිහටද, නැත්නම් වෙනත් විදිහකටද?" කියලා අහනවා. එතකොට කියනවා "ස්වාමීනී, සංස්කාර නිරුද්ධ වීමෙන් විඤ්ඤාණය නිරුද්ධ වෙනවා කියලා යම් ප්‍රකාශයක් ඇත්ද, අපට තේරුනෙත් මේ විදිහට ම යි. සංස්කාර නිරුද්ධ වීමෙන් විඤ්ඤාණය නිරුද්ධ වෙනවා කියලා."

විද්‍යාව පහළවීම....

ඊළඟට අහනවා "අවිද්‍යාව නිරුද්ධ වීමෙන් සංස්කාර නිරුද්ධ වෙනවා කියල මං ප්‍රකාශයක් කළා. මහණෙනි, අවිද්‍යාව නිරුද්ධ වීමෙන් ද සංස්කාර නිරුද්ධ වෙන්නෙ? එහෙම නැත්නම් වෙන විදිහකින් ද? ඔබට මේ ගැන කොහොමද හිතෙන්නෙ?" "ස්වාමීනී, අවිද්‍යාව නිරුද්ධ වීමෙන් ම යි සංස්කාර නිරුද්ධ වන්නෙ. ඒ ගැන අපට හිතෙන්නෙත් ඒ විදිහට ම යි. අවිද්‍යාව නිරුද්ධ වීමෙන් සංස්කාර නිරුද්ධ වෙනවා කියල."

අවිද්‍යාව නිරුද්ධ වුනා කියන්නේ මොකක්ද? විද්‍යාව පහළ වුනා කියන එක. විද්‍යාව පහළ වුනා කියන්නේ මොකක්ද? අවබෝධ කළයුතු දුක අවබෝධ කළා කියන එකයි. ප්‍රහාණය කළයුතු දුක්ඛ සමුදය ප්‍රහාණය කළා කියන එකයි. සාක්ෂාත් කළයුතු දුක්ඛ නිරෝධය සාක්ෂාත් කළා කියන එකයි. වැඩිය යුතු දුක්ඛ නිරෝධ ගාමිනී පටිපදා මාර්ගය වැඩුවා කියන එකයි. චතුරාර්ය සත්‍යය සම්පූර්ණයෙන් ම අවබෝධවීමෙන් අවිද්‍යාව නිරුද්ධ වෙනවා. විද්‍යාව උපදිනවා.

විසංවාද නෑ....

බුදුරජාණන් වහන්සේ දේශනා කරනවා "**සාධු භික්ඛවේ** මහණෙනි, ඉතා හොඳයි. **ඉති ඛෝ භික්ඛවේ තුම්හේපි ඒවං වදේථ.** මහණෙනි, මේ කාරණය (පටිච්ච සමුප්පාද නිරෝධය) ගැන ඔබ කියන්නෙත් එකම දෙයයි. මමත් කියන්නේ මේකමයි" කියනවා. එතකොට බලන්න ශාස්තෘන් වහන්සේයි ශ්‍රාවකයන් අතරයි විසංවාදයක්, අර්බුදයක්, නොගැලපීමක් තියෙනවද? නෑනේ. මේ කාලේ එක බුද්ධ වචනයක් කිව්වොත් ඕක ඔහොම

නෙවෙයි මෙහෙමයි කියන්න ශ්‍රාවකයෝ වේශයෙන් ම දහ දෙනෙක් විතර ඉන්නවා නේද? එදා එහෙම කවුරුත් නෑ. ඒ ලස්සන යුගය ඉවරවුනා. ඒ යුගය නෑ දැන්.

ආයෙ ඒ යුගය එන්නේ මිනිස් ආයුෂ අවුරුදු අසූදාහට තියෙන කාලෙට. දැන් එන්න එන්නම මේ මිනිසුන්ගේ ආයුෂ අවුරුදු දහයට අඩුවෙලා අඩුවෙලා ගිහිල්ලා මේ මිනිස්සුන්ට ඇතිවෙනවා අනාගතයේ මෘග සංඥාව. මෘග සංඥාව කියන්නේ තව කෙනෙක් දකිනකොට ඇතිවෙන්නේ මෘගයෙක් දැක්කහම ඇතිවෙන කෝපය. ඇතිවෙලා මේකා මරන්ට ඕනෙ කියලා ආයුධ අරන් එක එකා මරාගන්නවා. ද්වේශය උත්සන්න වෙනවා. දවස් හතක ආයුධ වරුසාවක් වහිනවා. මේකා මරාගන්න මට ආයුධයක් නැද්ද කියලා හිතනකොට ම ආයුධ එනවා අතට. ඊටපස්සේ මරාගන්නවා.

කුසල් වඩන්න පටන් ගන්නවා....

ඔය අතරේ කීප දෙනෙකුට සිහිය උපදිනවා. ඉපදිලා ඒගොල්ලෝ කැලෑවල් අස්සේ, ගල්ලෙන් අස්සේ, කාණු අස්සේ, හුඹස් අස්සේ හැංගෙනවා. දවස් හතකින් පස්සේ එළියට එනවා. එනකොට ඔක්කෝම මැරිලා. 'අනේ මොකදෑ මේ අපට වුනේ...' කියලා බොහොම කණගාටු වෙනවා. ඊටපස්සේ කතාවෙනවා 'අපි අකුසල් කරපු නිසයි මේ වගේ මහා විපතකට පත්වුනේ. ඒ නිසා අපි දැන්වත් කුසල් වඩන්න පටන් ගමු. එහෙනම් අපි ඉස්සෙල්ලා ම ප්‍රාණඝාතයෙන් අත්මිදෙමු' කියලා ඔන්න ප්‍රාණඝාතයෙන් අත්මිදෙනවා. මේ විදිහට කුසල් දහම් සමාදන් වුනාට පස්සේ ඒගොල්ලන්නේ දරුවන්ගේ ආයුෂ දෙගුණයක් වෙනවා.

කුසල් දහම් සමාදන් වීම නිසා ටික ටික ඒ මිනිස්සුන්ගේ ආයුෂ වැඩිවෙලා වැඩිවෙලා ආයුෂ අවුරුදු අසූදාහ දක්වා වැඩිවෙනවා. ආන්න එතකොටයි ආයෙත් යුගයක් එන්නේ. මේ යුගයේ ගෞතම බුදුරජාණන් වහන්සේ කෙරෙහි පැහැදිලා මේ ධර්ම මාර්ගය අල්ලග න්න බැරුව ගියොත්, හිතේ පැහැදීම ඇතිකරගන්න බැරුව ගියොත්, හරි විදිහට නිරවුල් වටහාගැනීමක් ඇතිකරගන්න බැරුවුනොත්, එක එක අවුල්ගොඩවල් පස්සේ යන්න පටන් ගත්තොත්, මේ අවස්ථාව අහිමි කරගත්තොත් මෛත්‍රී බුදුරජාණන් වහන්සේගේ යුගයත් මග ඇරෙනවා. ඒ අවස්ථාව හම්බ වෙන්නෙත් නෑ. ඇයි අවස්ථාවකට පයින් ගහපු කෙනෙකුට ආයෙ අවස්ථාවක් හම්බ වෙන්නේ නෑ. ඒ නිසා මේ ලැබිච්ච අවස්ථාවට පයින් නොගහා මේ කෙරෙහි හිත පහදවා ගන්න ඕනෙ.

ආර්ය න්‍යාය....

ඉතින් මේ භික්ෂූන් වහන්සේලා දීපු පිළිතුරු ගැන බුදුරජාණන් වහන්සේ සතුටට පත්වුනා. උන්වහන්සේ දේශනා කරනවා "**සාධු භික්ඛවේ** හොඳයි මහණෙනි, **ඉති ඛෝ භික්ඛවේ තුම්හේපි ඒවං වදේථ.** මහණෙනි, ඔබත් කියන්නෙ ඔය විදිහට ම යි. **අහම්පි ඒවං වදාමි.** මමත් කියන්නෙ ඔය විදිහට ම යි. **ඉමස්මිං අසති ඉදං න හෝති.** මෙය නැත්නම් මෙය නෑ. **ඉමස්ස නිරෝධා ඉදං නිරුජ්ඣති.** මෙය නිරුද්ධ වුනොත් මෙය නිරුද්ධ වෙනවා.

යදිදං අවිජ්ජා නිරෝධා සංඛාර නිරෝධෝ. අවිද්‍යාව නිරුද්ධ වෙනකොට සංස්කාර නිරුද්ධ වෙනවා. **සංඛාර නිරෝධා විඤ්ඤාණ නිරෝධෝ.** සංස්කාර නිරුද්ධ වෙනකොට විඤ්ඤාණය නිරුද්ධ වෙනවා. **විඤ්ඤාණ**

නිරෝධා නාමරූප නිරෝධෝ. විඤ්ඤාණය නිරුද්ධ වෙනකොට නාමරූප නිරුද්ධ වෙනවා. **නාමරූප නිරෝධා සළායතන නිරෝධෝ.** නාමරූප නිරුද්ධ වෙනකොට ආයතන හය නිරුද්ධ වෙනවා. **සළායතන නිරෝධා ඵස්ස නිරෝධෝ** ආයතන හය නිරුද්ධ වෙනකොට ස්පර්ශය නිරුද්ධ වෙනවා.

පටිච්ච සමුප්පාද නිරෝධය....

ඵස්ස නිරෝධා වේදනා නිරෝධෝ. ස්පර්ශය නිරුද්ධ වෙනකොට විඳීම නිරුද්ධ වෙනවා. **වේදනා නිරෝධා තණ්හා නිරෝධෝ** විඳීම නිරුද්ධ වෙනකොට තණ්හාව නිරුද්ධ වෙනවා. **තණ්හා නිරෝධා උපාදාන නිරෝධෝ** තණ්හාව නිරුද්ධ වෙනකොට උපාදාන නිරුද්ධ වෙනවා. **උපාදාන නිරෝධා භව නිරෝධෝ** උපාදාන නිරුද්ධ වෙනකොට භවය නිරුද්ධ වෙනවා. **භව නිරෝධා ජාති නිරෝධෝ** භවය නිරුද්ධ වෙනකොට ඉපදීම නිරුද්ධ වෙනවා. ඉපදීම නිරුද්ධ වෙනකොට ජරාමරණ, සෝක වැලපීම්, කායික දුක්, මානසික දුක්, සුසුම් හෙළීම් ආදී සියල්ල නිරුද්ධ වෙනවා. මේ ආකාරයට සමස්ත දුක් කන්දරාවේ නිරෝධය වේ.

අතීත ජීවිත ගැන කල්පනා....

ඊටපස්සේ බුදුරජාණන් වහන්සේ අහනවා "මහණෙනි, ඔබ ඔය විදිහට පටිච්ච සමුප්පාදය හටගන්නේ මෙහෙමයි, පටිච්ච සමුප්පාදය නිරුද්ධ වෙන්නේ මෙහෙමයි කියලා දන්නවා නම්, දකිනවා නම්, **පුබ්බන්තං වා පටිධාවෙය්‍යාථ.** මේ භව පැවැත්ම පටන් ගත්තු තැනක් හොය හොය පැටලි පැටලි යාවි ද?

'**කිං අහෝසිම්හි නු බෝ මයං.** ඇත්තෙන් ම අපි අතීතෙ හිටිය ද? අපි අතීතෙ හිටියෙ නැද්ද? අපි අතීතේ කවුරු වෙලා සිටින්න ඇද්ද? අපි අතීතේ කොයි විදිහට සිටින්න ඇද්ද? අපි අතීතේ කවුරු වෙලා ඉඳලා කවුරු වෙලා සිටින්න ඇද්ද?' කියල?" එතකොට භික්ෂූන් වහන්සේලා පිළිතුරු දෙනවා "**නෝ හේතං භන්තේ** ස්වාමීනී, එහෙම වෙන්නෙ නෑ" කියලා.

අපි කියපු ඔන්න අපි මෙතන නාඩි වාක්‍ය කාර්යාලයක් දානවා. ගිරාපැටව් කීප දෙනෙක් තියාග න්නවා පොඩි කූඩුවල දාගෙන. වෙනම පුස්කොළ පොත් ටිකකුත් තියාගන්නවා. 'එන්න නෝනාවරුනි, මහත්වරුනි, ඔබේ අතීත ජීවිතය ගැන දැනගන්න... එක වාරයකට රුපියල් පන්දාහයි...' කියලා කියනවා. එතකොට ඔන්න ණයක් අරගෙන හරි සල්ලිත් ලෑස්ති කරගෙන කට්ටිය පෝලිමේ එනවා. අහනවා 'ඔබතුමාට, නැත්නම් ඔබතුමියට මොකක්ද දැනගන්න ඕනෙ?' එතකොට 'කලින් ආත්මේ මං කවුරු වෙලා උපන්නද කියලා දැනගන්න ආසයි' කියනවා.

මුළාවෙන් මුළාවට....

ගිරා පැටියා අතනින් තල්පතක් අරන් දෙනවා. 'ආ... ඒ කාලේ නම මේකයි.... කියලා ඔන්න ඔක්කොම විස්තරේ කියනවා. එතකොට සතුටුවෙලා යනවා 'මං ඒ කාලේ රාජ කුමාරියක් නොවැ' කියලා. මේ කාලේ කන්නත් නෑ! මොකක්ද මේ? තමන්ගේ කුතුහලයෙන් වෙන කෙනෙක් ජීවත් කරවීම. ඊට වඩා දෙයක් මේකේ තියෙනවද? නෑ. මට මතකයි මං කොළඹ ඉන්න කාලේ එක කාලයක් ඔය නාඩි වාක්‍ය කාණ්ඩයක් ආවා.

ඇවිල්ලා කොළඹ හෝටලේක නැවතිලා අනාවැකි කියන්න පටන් ගත්තා. මේ වැඩසටහන් වලට එන නෝනලා පෝලිමේ ගියා. ගිහින් ඒ මනුස්සයාට හම්බ කරපු දේවල් ඔක්කොම දුන්නා. දැන් ගිරව් දාලා තුණ්ඩු ඇදලා එක එක නම් කියවනවා. ඒකට වෙනම ගිරව් සෙට් එකක් ඉන්නවා පුරුදු කරලා. ඊටපස්සේ අපිට ඇවිල්ලා කියනවා 'මං ඒ කාලේ මෙහෙමයි ඉඳලා තියෙන්නේ... ලබන ආත්මෙත් දකුණු ඉන්දියාවෙලු ඉපදෙන්නේ....' කියලා.

අරකි කලින් ආත්මෙ රාජකුමාරිකාවක්ලු....

මේ වගේ දේවල් කරා මිනිස්සු ඇදිලා යන්නේ මොකක් දන්නෙ නැති නිසාද? පටිච්ච සමුප්පාදය හටගන්න හැටි දන්නෙත් නෑ. පටිච්ච සමුප්පාදය නිරුද්ධ වෙන හැටි දන්නෙත් නෑ. තමන්ගේ අතීතය ගැන මොනවාහරි විස්තරයක් අහගෙන අනිත් කෙනාට කියපු ගමන් එයා තුළත් කුතුහලයක් ඇතිවෙනවා 'ආ... අරකි රාජකුමාරිකාවක්ලු. ඒකිට විතරක්ද... මටත් බැරියැ...' කියලා මොකද කරන්නේ ඊටපස්සේ? තමනුත් යනවා එතනට හොයාගෙන. තමන්ට කිව්වොත් එහෙම 'ගිය ආත්මේ නම් උඹ හිඟන්නියක්....' කියලා සද්ද නැතුව අකුලං එනවා 'අනේ වැඩක් නෑ... බොරු කියන්නේ....' කියලා.

ඊටපස්සේ බුදුරජාණන් වහන්සේ අහනවා "මහණෙනි, ඔය ආකාරයට ඔබට මේ පටිච්ච සමුප්පාදය හටගන්නා ආකාරයත් පටිච්ච සමුප්පාදය නිරුද්ධ වෙන ආකාරයත් අවබෝධ වුනොත් **අපරන්තං වා ආධාවෙය්‍යාථ.** අනාගත කෙළවරක් හොයාගෙන පැටලි පැටලි යාවි ද? **භවිස්සාම නු ඛෝ මයං අනාගතමද්ධානං**

අනාගතයේ මං කොයි විදිහට උපදියිද? උපදින එකක් නැද්ද? කවුරු වෙලා උපදියිද? කොහේ උපදියිද? මොන විදිහට උපදියිද? කිය කිය ඇවිස්සි ඇවිස්සී යයිද?" කියලා අහනවා. "ස්වාමීනී, එහෙම වෙන්නේ නෑ" කියනවා.

මෝඩකමට බෙහෙත් නෑ....

හරි දැන් අපි නිකමට කියමු කවුරුහරි කෙනෙක් පොඩි සාප්පුවක් දාලා කියනවා 'අනාගතයේ ඔබ උපදින තැන බලන්ට රුපියල් පන්දාහක් අරන් එන්ට...' කියනවා. නිකමට බලාගන්න ඕනෙ මං අනාගතයේ කොහේද උපදින්නේ කියලා යනවාද නැද්ද? ඔන්න ගිහිල්ලා බලාගෙන එනවා. ඇවිල්ලා කියනවා 'මට නම් ගැටලුවක් නෑ. මං නම් අහවල් රජපවුලේ උපදින්නේ. උඹත් ගිහින් බලාපං' කියලා අනිත් කෙනාවත් යවනවා. එච්චර මෝඩ නැද්ද මනුස්සයා? ඒ මෝඩකම තියෙන්නේ මොකෙන්ද? මේ පටිච්ච සමුප්පාද ධර්මය හටගන්නා ආකාරයත් නිරුද්ධ වෙන ආකාරයත් දන්නෙ නැති නිසා.

ඊළඟට අහනවා "මහණෙනි, මේ විදිහට පටිච්ච සමුප්පාදය හටගන්නා ආකාරයත් පටිච්ච සමුප්පාදය නිරුද්ධ වෙන ආකාරයත් දැක්කා නම් **පච්චුප්පන්නං අද්ධානං අජ්ඣත්තං කථංකථී අස්සථ** මේ වර්තමාන ජීවිතේ ගැන තමන්ට කුතුහලයක් ඉතුරු වෙයිද? 'හැබෑට මං කවුද? මං කොහෙන්ද ආවේ? මගේ ජීවිතේ ස්වභාවය මොකක්ද? මොකක්ද මේකේ ඇතුලත පිටත තියෙන ක්‍රියාකාරීත්වය? **සෝ කුහිංගාමී භවිස්සති.** මට අනාගතේ මොන විදිහට හැදෙයිද?' කියලා මේ වගේ තමන් පටලැවිලා ඉඳියිද තමන් ගැන?" කියලා අහනවා. "**නෝ හේතං භන්තේ** නෑ ස්වාමීනී" කියනවා.

ශාස්තෘ ගෞරවයෙනුයි මෙහෙම කියන්නේ....

එහෙමනම් බලන්න පටිච්ච සමුප්පාදය හටගන්නා ආකාරයත් පටිච්ච සමුප්පාදය නිරුද්ධ වෙන ආකාරයත් හරි විදිහට අවබෝධ කරගත්තොත් එයා අතීතය පිළිබඳ හිතේ තියෙන කුතුහලයෙන් නිදහස් වෙනවා. අනාගතය අරභයා තියෙන කුතුහලයෙනුත් නිදහස් වෙනවා. වර්තමානයේ තමන්ගේ ජීවිතය ගැන යම්කිසි අපැහැදිලිකමක් ඇත්ද, ඒ අපැහැදිලිබවිනුත් නිදහස් වෙනවා.

ඊටපස්සේ බුදුරජාණන් වහන්සේ ලස්සන ප්‍රශ්නයක් අහනවා. "මහණෙනි, ඔබ මේ විදිහට දකිනවා නම්, මෙහෙම දන්නවා නම් ඔබ මෙහෙමත් කියනවා ද? '**සත්ථා නෝ ගරු, සත්ථුගාරවේන ච මයං ඒවං වදේම** ශාස්තෘන් වහන්සේ තමයි අපේ ගුරුවරයා. ශාස්තෘ ගෞරවය නිසයි අපි මේ විදිහට කියන්නෙ' කියලා?" "**නෝ හේතං භන්තේ** නෑ ස්වාමීනී, එහෙම නෑ" කියනවා. ඊටපස්සේ අහනවා "මහණෙනි, ඔබ මේ විදිහට නම් ධර්මය දන්නේ, මේ විදිහට නම් ධර්මය දකින්නේ ඔබ මෙහෙමත් කියාවි ද? **සමණෝ නෝ ඒවමාහ** ශ්‍රමණයන් වහන්සේ තමයි අපිට ඔහොම කිව්වේ. **සමණ වචනේන ච මයං ඒවං වදේම** ඉතින් අපි ශ්‍රමණයන් වහන්සේ එහෙම කියන නිසයි මෙහෙම කියන්නේ කියලා?" "ස්වාමීනී, එහෙම නෑ." කියනවා.

වෙනත් ශාස්තෘවරයෙක්...?

ඊටපස්සේ බුදුරජාණන් වහන්සේ අහනවා "එහෙනම් මහණෙනි, ඔබ මෙහෙම දන්නවා නම්,

මෙහෙම දකිනවා නම්, ඔබ වෙනත් ශාස්තෘන් වහන්සේ කෙනෙක් හොයාගෙන යනවද?" "නෑ ස්වාමීනී, එහෙම යන්නෙත් නෑ" කියනවා. ඊටපස්සේ අහනවා "මහණෙනි, ඔබ ඔහොම දන්නවා නම්, ඔය විදිහට දකිනවා නම්, ඔය බොහෝ ශ්‍රමණ බ්‍රාහ්මණයන්ගේ ආගම්වල තියෙන කුතුහලය ඇති කරවන මංගල සම්මත හිස් දේවල් සාරවත් දේවල් කියල හිතාගෙන ඒ පස්සේ දුවාවි ද?" "අනේ ස්වාමීනී, එහෙම යන්නෙත් නෑ" කියනවා.

ඊටපස්සේ අහනවා "මහණෙනි, **යදේව තුම්හාකං සාමං ඤාතං** යම් කාරණයක් ඔබ විසින් ම දැනගත්තද, **සාමං දිට්ඨං** ඔබ ම දැක්කාද, **සාමං විදිතං** තමන් ම අවබෝධ කළාද, **තදේව තුම්හේ වදේථ.** ඒ තමන්ගේ අවබෝධයෙන් නේද මේ කියන්නේ?" කියලා අහනවා. "එහෙමයි ස්වාමීනී" කියනවා.

අසිරිමත් බුදු සසුන....

බලන්න දැන් ඒ ශාස්තෘන් වහන්සේගේ ධර්මය තුළ ශ්‍රාවකයා ස්වාධීන ද නැද්ද? මේ බුද්ධ ශාසනය කියන්නේ ආශ්චර්ය අද්භූත දෙයක් කියලා කියන්නේ ඒකයි. මේවා හැමදාම මේ ලෝකයේ මනුස්සයෙකුට අහන්න ලැබෙන දේවල් නෙවෙයි. හැම තැනම අහන්න ලැබෙන දේවල් නෙමෙයි. ඉතාම කලාතුරකින් අහන්න ලැබෙන දෙයක් මේක. කොයිතරම් කලාතුරකින්ද කියන්නේ ඒ කාලේ මිනිස්සු නිතර නිතර සිහි කර කර ඉඳලා තියෙනවා "**දුල්ලභෝ මනුස්ස පටිලාභෝ** මනුස්ස ජීවිතේ දුර්ලභයි. **දුල්ලභං සද්ධම්ම සවණං** සද්ධර්ම ශ්‍රවණය දුර්ලභයි. **දුල්ලභා පබ්බජ්ජා** පැවිද්ද දුර්ලභයි. **දුල්ලභා ඛණ සම්පත්ති** ක්ෂණ සම්පත්තිය දුර්ලභයි.

අතිදුල්ලභෝ බුද්ධුප්පාදෝ බුදු කෙනෙක් පහළවීම අතිශයින් ම දුර්ලභයි" කියලා. මිනිස්සු ඒ කාලේ නිතර ඒක කියව කියව ඉඳලා තියෙන්නේ.

ඊටපස්සේ බුදුරජාණන් වහන්සේ දේශනා කරනවා "සාධු **භික්ඛවේ** ඉතා හොඳයි මහණෙනි, **උපනීතා බෝ මේ තුම්හේ භික්ඛවේ ඉමිනා සන්දිට්ඨිකේන ධම්මේන අකාලිකේන ඒහිපස්සිකේන ඕපනයිකේන පච්චත්තං වේදිතබ්බේන විඤ්ඤූහි.** මහණෙනි, මා විසින් ඔබව මේ සන්දිට්ඨික, අකාලික, ඒහිපස්සික, ඕපනයික, පච්චත්තං වේදිතබ්බෝ විඤ්ඤූහි කියන මේ ධර්මයටයි අරන් ගියේ. **සන්දිට්ඨිකෝ අයං භික්ඛවේ ධම්මෝ** මහණෙනි, මේ ධර්මය සන්දිට්ඨිකයි. මේ ජීවිතයේ ම තේරුම් ගන්න එකක්. **අකාලිකෝ** මේ ධර්මය කල් නොයවා විපාක දෙනවා. ඕනෑම කාලයක මේ ධර්මයේ ප්‍රතිඵල එකයි කියනවා.

ඒ මොහොතෙම ප්‍රතිඵල....

ඒ කිව්වේ දැන් අද සෝවාන් වුනොත් හෙට ද සතර අපායෙන් මිදෙන්නේ? නෑ. ඒ මොහොතෙ ම සතර අපායෙන් මිදෙනවා. ඒකට තමයි අකාලික කියන්නේ. අද සකදාගාමී වුනොත් එක වරක් පමණක් කාම ලෝකෙට එන එක කල් ගෙවිලද ලැබෙන්නේ, ඒ මොහොතෙම ද? ඒ මොහොතෙමයි. අද අනාගාමී වුනොත් අන්තිම මොහොතෙද කාම භවයෙන් නිදහස් වෙන්නේ? නෑ. ඒ මොහොතෙමයි. අද රහත්ඵලයට පත්වුනොත්, පත්වෙන මොහොතම සියලු භවයන්ගෙන් නිදහස් වෙනවා. **ඒහිපස්සිකෝ** ඇවිත් බලන්න කියන්න පුළුවන්. **ඕපනයිකෝ** තමා තුළට පමුණුවා ගන්න ඕනෙ. **පච්චත්තං වේදිතබ්බෝ විඤ්ඤූහි.** ප්‍රඥාවන්තයන් විසින්

තම තම නැණ පමණින් මේ ධර්මය අවබෝධ කරගන්න ඕනෙ කියලා **ඉති යන්තං වුත්තං** යම් කාරණයක් එහෙම කිව්වාද **ඉදමේතං පටිච්ච වුත්තං** මේ කාරණය සඳහායි කිව්වේ" කියනවා.

ඊළඟට පින්වත්නි, මේ දේශනාවේ හරි ලස්සනට විස්තර කරනවා ආයතන හයෙන් පටිච්ච සමුප්පාදය ඇතිවෙන හැටිත් ධර්මය දියුණු කරපු එක්කෙනා ඒ ආයතන හයේම පටිච්ච සමුප්පාද නිරෝධය අත්දකින හැටිත්. මේ සූත්‍ර දේශනාව ගොඩාක් දිගයි. හවස් වරුවේ තමයි ඉතුරු ටික කරන්න වෙන්නේ. හරී ආශ්චර්යවත් දේශනාවක් මේ මහා තණ්හාසංඛය සූත්‍රය. මෙතන ඉඳලා සම්පූර්ණයෙන් ම තියෙන්නේ සසරේ යන එක්කෙනෙක් මනුස්ස ලෝකෙ ඉපදිලා මේ කාමයට වැටිලා, කාමය විඳ විඳ ඉන්දෙද්දි බුදු කෙනෙක් මුණගැහිලා එයා එතෙර වෙන හැටි. ඉතින් අපටත් මේ පටිච්ච සමුප්පාද ධර්මය අවබෝධ කරගන්ට වාසනාව ලැබේවා!

සාදු! සාදු!! සාදු!!!

නමෝ තස්ස භගවතෝ අරහතෝ සම්මාසම්බුද්ධස්ස
ඒ භාග්‍යවත් අර්හත් සම්මා සම්බුදුරජාණන් වහන්සේට නමස්කාර වේවා!

02.
සවස් වරුවේ ධර්ම දේශනය

ශ්‍රද්ධාවන්ත පින්වත්නි,

අද අපි හවස් වරුවේ ඉගෙන ගන්නේ උදේ වරුවේ ඉගෙන ගත්තු දේශනාවේ ඉතුරු කොටසයි. මේ දේශනාවේ නම කුමක්ද? මහා තණ්හාසංඛය සූත්‍රය. මේ දේශනාව සඳහන් වන්නේ මජ්ඣිම නිකායේ. මේ දේශනාවේ උදේ කතා කරපු මුල් කොටස ගැන අපි කෙටියෙන් මතක් කරගත්තොත්, බුදුරජාණන් වහන්සේ සැවැත් නුවර වැඩවසන කාලේ කේවට්ට පුත්‍ර සාති කියලා භික්ෂුවකට බුදුරජාණන් වහන්සේ වදාළ ධර්මය ගැන වැරදි අදහසක් ඇතිවුනා. ඒ බුදුරජාණන් වහන්සේ වදාළ දේශනාවල් වල තියෙන කරුණු වැරදියට තේරුම් ගැනීම නිසයි. සාති භික්ෂුවට හිතුනා භවයෙන් භවයට ගමන් කරන වෙනස් නොවන දෙයක්, විඤ්ඤාණයක් තියෙනවා ය කියලා. එතකොට ඒ සාති භික්ෂුව කියන්න පටන් ගත්තා 'භාග්‍යවතුන් වහන්සේ වදාළ දේශනාව මට

හොඳට පැහැදිලිව තේරෙනවා. මේ භවයෙන් භවයට සංසාරේ සැරිසරා යන්නේ එකම විඤ්ඤාණයක්. වෙන මොකවත් නොවෙයි' කියලා.

ඔය අදහස වැරදියි....

එතකොට විඤ්ඤාණයේ ස්වභාවය අවබෝධ කරගෙන හිටපු, විඤ්ඤාණය මොකක්දැයි කියලා තේරුම් අරන් හිටපු භික්ෂූන් වහන්සේලා සාති භික්ෂුවට කිව්වා "ආයුෂ්මත් සාති, ඔය අදහස වැරදියි. මේ විඤ්ඤාණය කියන්නේ පටිච්ච සමුප්පන්න දෙයක්. හේතූන් නිසා සකස්වෙන, හේතු නැතිවෙන කොට නැතිවෙන ස්වභාවයෙන් යුතු දෙයක්. මේ විදිහට විඤ්ඤාණය තේරුම් ගන්න" කියලා.

නමුත් ඒ සාති භික්ෂුව ඒකට ලෑස්ති වුනේ නෑ. අර මතයේ ම හිටියා. මෙයා ඒක කියාගෙන යනකොට මිනිස්සුත් අවුල් වෙනවනේ. ඊටපස්සේ බේරෙන්න බැරිතැන බුදුරජාණන් වහන්සේ ළඟට ගිහිල්ලා පැමිණිලි කළා. බුදුරජාණන් වහන්සේ සාති භික්ෂුවට එන්න කියලා ඇහුවා ඔබ මේ වගේ කතාවක් කියාගෙන යනවාදැ'යි කියලා. "එහෙමයි ස්වාමීනී. මං එහෙම කථාවක් කියාගෙන යනවා" කිව්වා. ඉතින් ඇහුවා "සාති... මොකක්ද ඒ ඔබ කතා කරන විඤ්ඤාණය...?" "ස්වාමීනී, අපි මේ කතා බස් කරන්නේ, අපි මේ විඳින්නේ, පින් - පව් විපාක විඳින්නේ, අන්න ඒ විඤ්ඤාණයයි" කිව්වා.

උණුසුමවත් වැදිලා නෑ....

එතකොට බුදුරජාණන් වහන්සේ ඇහුවා "හිස් පුරුෂය... කාටද මං එබඳු බණක් කියලා තියෙන්නේ...?

මං හැම තිස්සේ ම කියලා තියෙන්නේ විඤ්ඤාණය අනිත්‍යයයි. හේතු ප්‍රත්‍යයන්ගෙන් හටගන්න දෙයක්. හේතු නැතිවීමෙන් නැති වී යන දෙයක් ය කියලා නේද?" කියලා. ඊටපස්සේ බුදුරජාණන් වහන්සේ සාති භික්ෂුව පෙන්නලා භික්ෂූන් වහන්සේලාගෙන් ඇහුවා "මහණෙනි, මේ සාති භික්ෂුවට බුද්ධ ශාසනයේ උණුසුමවත්, රස්නෙවත් වැදිලා තියෙනවද...?" කියලා ඇහුවා. "අනේ ස්වාමීනී, කොහේ වදින්නද. මෙයාට බුද්ධ ශාසනයේ රස්නෙවත් වැදිලා නෑ" කිව්වා.

ඊටපස්සේ බුදුරජාණන් වහන්සේ ඇහුවා "මහණෙනි, මේ සාති භික්ෂුව කියන ආකාරයේ ධර්මයක් මම ඔබට දේශනා කරලා තියෙනවද? කියලා. "නෑ... ස්වාමීනී, භාග්‍යවතුන් වහන්සේ වදාළේ විඤ්ඤාණය පටිච්ච සමුප්පන්නයි කියලා." ඔය විදිහට විස්තර කරලා ඊටපස්සේ බුදුරජාණන් වහන්සේ උපමාවකින් පෙන්වා දුන්නා විඤ්ඤාණයට නම වැටෙන හැටි. හරියට ගින්නක් ඇවිලෙන්න උපකාර වන දෙයින් ගින්නට නම වැටෙනවා වගේ.

සය ආකාර වූ විඤ්ඤාණය....

ලෑලි වලින් පත්තු වෙන ගින්නට ලෑලි ගින්න කියනවා. දර වලින් පත්තු වෙන ගින්නට දර ගින්න කියනවා කිව්වා. ගොම වලින් පත්තුවෙන ගින්නට ගොම ගින්න කියනවා කිව්වා. දහයියා වලින් පත්තුවෙන ගින්නට දහයියා ගින්න කිව්වා. මේ වගේ විඤ්ඤාණය හටගන්න උදව් වෙන ඒවායේ නමින් විඤ්ඤාණය හඳුන්වනවා කිව්වා.

ඇහැයි - රූපයි එකතු වෙලා හටගන්න විඤ්ඤාණයට ඇහේ විඤ්ඤාණය කියලා කියනවා.

කනයි - ශබ්දයයි එකතු වෙලා හටගන්න විඤ්ඤාණයට කනේ විඤ්ඤාණය කියලා කියනවා. නාසයයි - ගඳසුවඳයි එකතු වෙලා හටගන්න විඤ්ඤාණයට නාසයේ විඤ්ඤාණය කියලා කියනවා. දිවයි - රසයයි එකතුවෙලා හටගන්න විඤ්ඤාණයට දිවේ විඤ්ඤාණය කියලා කියනවා. කයයි පහසයි එකතුවෙලා හටගන්න විඤ්ඤාණයට කයේ විඤ්ඤාණය කියලා කියනවා. මනසයි - අරමුණුයි නිසා හටගන්න විඤ්ඤාණයට මනසේ විඤ්ඤාණය කියලා කියනවා.

තමන්ගේ ම අවබෝධයක්....

ඊටපස්සේ බුදුරජාණන් වහන්සේ පටිච්ච සමුප්පාදය ගැන භික්ෂූන් වහන්සේලාගෙන් ඇහුවා. පටිච්ච සමුප්පාද නිරෝධය ගැන ඇහුවා. ඒවාට භික්ෂූන් වහන්සේලා හරි විදිහට උත්තර දුන්නට පස්සේ උන්වහන්සේ ඇහුවා "මහණෙනි, ඔබ මේ විදිහට උත්තර දුන්නේ ශාස්තෲන් වහන්සේ කෙරෙහි ගෞරවය නිසාද?" කියලා. නැතෙයි කිව්වා. "ශ්‍රමණයන් වහන්සේ කියන නිසා අපිත් ඒක කියනවා කියන අදහසින්ද?" කියල ඇහුවා. නැතෙයි කිව්වා. "මේ විදිහේ අවබෝධයක් තියෙන කෙනෙක් වෙන ශාස්තෲන් වහන්සේ නමක් කරා යාවිද?" කියල ඇහුවා. ඒත් නැතෙයි කිව්වා.

ඒ වගේම බුදුරජාණන් වහන්සේ ඒකෙදි වදාළා හරි විදිහට පටිච්ච සමුප්පාදය අවබෝධ වුනා නම් අතීතයේ කොහොම කොහොම වුනාද කියලා අතීතයේ නිරුද්ධ වෙච්ච දේවල් හොය හොය දුවන්නේ නෑ කිව්වා. අනාගතයේ මොනවා වේවිද? කවුරු වේවිද? කොයි විදිහට ඉඳීවිද? කිය කිය ඕක පස්සේ දුවන්නෙත් නෑ

කිව්වා. වර්තමානයේ තමන් කවුද කියන එක ගැන පැටලි පැටලි ඉන්නෙත් නෑ කිව්වා. ඔන්න එතන ඉඳන් තමයි දැන් අපි මේ දේශනාවේ ඉතුරු කොටස ඉගෙන ගන්නේ. බුදුරජාණන් වහන්සේ මේ විදිහට දේශනා කරනවා.

මව්කුසක පිළිසිඳ ගැනීම....

"මහණෙනි, මව් කුසක පිළිසිඳ ගැනීමට කරුණු තුනක් හේතු වෙනවා. මව් පිය දෙදෙනා කායිකව එකතු වෙන්න ඕන. නමුත් මව ඍතු වෙන කෙනෙක් නොවෙයි නම්, ගන්ධබ්බයෙක් (ඒ කිව්වේ මව්කුස පිළිසිඳගන්න කෙනෙක්) ඇවිල්ලත් නැත්නම්, ඒ තාක් ම මව්කුසේ පිළිසිඳ ගැනීමක් සිද්ධ වෙන්නේ නෑ.

ඊළඟට මව්පියන් කායිකව එකතුත් වෙනවා. මවත් ඍතු වෙන කෙනෙක්. නමුත් ගන්ධබ්බයෙක් ඇවිල්ලා නැත්නම්, ඒත් පිළිසිඳ ගැනීමක් වෙන්නේ නෑ. මහණෙනි, යම් දවසක මව් පිය දෙදෙනා කායිකව එකතු වුනොත්, මව ඔසප් වෙන කෙනෙක් වුණොත්, ගන්ධබ්බයෙකුත් ආවොත්, ඔන්න ඔය කරුණු තුනේ එකතු වීමෙන් තමයි ගැබ් ගැනීමක් වෙන්නෙ." කියලා. දැන් අපිත් මව්කුසේ පිළිසිඳගත්තේ මේ විදිහට තමයි. වෙන අද්භූත විදිහට නෙවෙයි.

දස මසක් කුස හොවා....

බුදුරජාණන් වහන්සේ දේශනා කරනවා "**තමේනං භික්ඛවේ මාතා නව වා දස වා මාසේ ගබ්භං කුච්ඡිනා පරිහරති මහතා සංසයේන ගරුම්භාරං**" මහණෙනි, ඒ අම්මා තම දරු ගැබ මාස නවයක් හෝ දහයක් හෝ මහත් පරිස්සමෙන් ගරු බරක් වගේ තියාගෙන රැකගන්නවා." දරුවෙක් මව්කුසේ පිළිසඳ ගත්තට පස්සේ ඒ අම්මට

ලොකු බලාපොරොත්තුවක් නැද්ද? මේ ළමයා පරිස්සම් කරගෙන බිහිකරගන්න ඕන කියන අදහස තියෙනවා.

ඊට පස්සේ ඒ අම්මා ඒ මාස නවය හරි දහය හරි ගෙවුණට පස්සේ මහත් පරිස්සමෙන්, ගරු සරු ඇතිව දරුවා බිහි කරනවා. "**තමේනං ජාතං සමානං සකේන ලෝහිතේන පෝසේති**" තම කුසින් උපන් දරුවාව ඒ අම්මා ස්වකීය රුධිරයෙන් පෝෂණය කරනවා. "**ලෝහිතං හේතං භික්ඛවේ අරියස්ස විනයේ යදිදං මාතුථඤ්ඤං**" මහණෙනි, ආර්ය විනයෙහි රුධිරය කියලා කියන්නේ මව්කිරි වලටයි" කියනවා. අටුවාවේ සඳහන් වෙනවා මව් සෙනෙහසට ඒ අම්මාගේ රුධිරය සිසිල් වෙනවා. රුධිරය සිසිල් වීමෙන් තමයි කිරි බවට හැරෙන්නේ කියලා.

පුංචි කාලේ අපි....

ඊටපස්සේ ඒ දරුවා **වුද්ධිමන්වාය ඉන්ද්‍රියානං පරිපාකමන්වාය** හැදෙන වැඩෙනකොට, ඉඳුරන් මෝරනකොට, නොයෙක් සෙල්ලම් බඩු අරගෙන සෙල්ලම් කරන්න පටන්ගන්නවා. හුළං පෙති කරකවනවා, කල්ලි ගහනවා, බෝල ගහනවා, එක එක සෙල්ලම් කර කර වාසය කරනවා පොඩි සංදියේ. ඔබ ඒ පොඩි සංදිය පසු කරපු අයද නැද්ද? පුංචි කාලේ සෙල්ලම් කර කර, බට්ටා පනිමින්, සෙල්ලම් බත් උයමින්, සෙල්ලම් කඩවල් දමමින්, පෙරහැරවල් යමින්, මේ වගේ පොඩි පොඩි සෙල්ලම් කරමින් තමයි අපි හිටියේ. ඒ කාලේ ලොකු බරපතල දේවල් පස්සේ යන්නේ නෑ.

ඊටපස්සේ මේ දරුවා තවත් ලොකු වෙනවා. තව වැඩිමහල් වෙනවා. වැඩිමහල් වෙන්න වෙන්න අර පුංචි

කාලේ සෙල්ලම් කරපුවා අතාරිනවා. අතෑරලා **පඤ්චහි කාමගුණේහි සමප්පිතෝ සමංගීභූතෝ පරිචාරේති** පංච කාම ගුණයෙන් සතුටු වෙවී, ඒවා පිරිවරාගෙන ඉන්නවා. ඊටපස්සේ අර පොඩි කාලේ වගේ සෙල්ලම් බඩු, සෙල්ලම් වාහන, සෙල්ලම් කරත්ත මේවා හොයන්නෙ නෑ. මොනවද තරුණ වයසට එන එක්කෙනාට ඕන වෙන්නේ? ඇසෙන් ප්‍රිය මනාප රූපවලට ආසා කරනවා. වෙනත් වෙනත් ලස්සන ප්‍රියමනාප රූප මොනවද කියලා ඒවා හොයනවා.

පංච කාමයන් ම සොයනවා....

ප්‍රියමනාප ශබ්දවලින් සතුටු වෙනවා. පුංචි කාලේ නම් නිදාගන්න ගියාම අම්මට කියනවා 'අම්මෙ... අර කවිය කියන්නකෝ...' කියලා. එතකොට අම්මා මොකද කරන්නේ? දරුවට නින්ද යනකම් කවි කියනවා. ලොකු වුනාට පස්සේ එහෙම නෑ. ෆෝන් එකට වෙනම සින්දු දාගෙන, කනේ ගහගෙන අහ අහ ඉන්නවා. ඔය විදිහට ප්‍රිය මනාප ශබ්ද අසමින් වාසය කරනවා.

ඊළඟට ප්‍රියමනාප සුවඳ වර්ග, එක එක සෙන්ට් වර්ග ආදිය පරිහරණය කරමින් වාසය කරනවා. ප්‍රියමනාප රස හොය හොය, ඒවා විඳිමින් වාසය කරනවා. ප්‍රියමනාප පහස හොය හොය වාසය කරනවා. තරුණ වුනාට පස්සේ මේ විදිහට ඉෂ්ට වූ, කාන්ත වූ, මනාප වූ, පංච කාමයන්ගෙන් ඉඳුරන් පිණවමින්, ඒවා සේවනය කරමින් වාසය කරනවා. මේ කියන කාරණය ඇත්තද, බොරුද? ඇත්ත.

පටු සිතින් වාසය කරනවා....

ඊටපස්සේ බුදුරජාණන් වහන්සේ දේශනා කරනවා

"**සෝ චක්ඛුනා රූපං දිස්වා** ඔහු ඇසෙන් රූපයක් දැක, **පියරූපේ රූපේ සාරජ්ජති** ප්‍රියමනාප රූපයට ඇලෙනවා. **අප්පියරූපේ රූපේ බ්‍යාපජ්ජති** අප්‍රිය රූපයට ගැටෙනවා. **අනුපට්ඨිත කායසති ච විහරති පරිත්තචේතසෝ** කායානුපස්සනාවෙන් තොරව පටු සිතින් වාසය කරනවා." ඔන්න දැන් තරුණ වුනාට පස්සේ වෙන දේ.

දැන් පළල් හිතක් නෑ. ඇයි, පුංචි කාලේ සෙල්ලම් බඩුත් එක්ක ජීවත් වුනා. ලොකු වුනාට පස්සේ පංච කාමය තමයි අරමුණු වෙන්නේ. ඊටපස්සේ ප්‍රියමනාප වූ පංච කාමය ම හොය හොය යනවා. ගිහිල්ලා සම්පූර්ණයෙන් ම ඇලීමත්, ගැටීමත් කියන දෙකට මැදිවෙනවා. ඒ දෙකට මැදිවෙනකොට එයාට කායානුපස්සනාවක් නෑ. පටු සිතින් වාසය කරනවා.

චේතෝ විමුක්තිය, ප්‍රඥා විමුක්තිය....

ඒ වගේම ඒ කෙනා "**තඤ්ච චේතෝ විමුත්තිං පඤ්ඤා විමුත්තිං යථාභූතං නප්පජානාති යත්ථස්ස තේ පාපකා අකුසලා ධම්මා අපරිසේසා නිරුජ්ඣන්ති** පාපී අකුසල ධර්මයන් ඉතුරු නැතිව නිරුද්ධ වෙන චේතෝ විමුක්තිය සහ ප්‍රඥා විමුක්තිය ගැන දන්නෙත් නෑ." එයා දන්නෙ ප්‍රිය රූපයට ඇලෙන්නයි, අප්‍රිය රූපයට ගැටෙන්නයි විතරයි.

"**සෝ ඒවං අනුරෝධවිරෝධං සමාපන්නෝ** එයා මේ විදිහට ඇලීම් ගැටීම් දෙකට මැදිවෙලා වාසය කරද්දී යම්කිසි විඳීමක් විඳියිද, සැපයක් වේවා, දුකක් වේවා, මධ්‍යස්ථ බවක් වේවා, **සෝ තං වේදනං අභිනන්දති** එයා ඒ විඳීම පිළිගන්නවා. සැපක් ආවොත් ඒකත් පිළිගන්නවා.

දුකක් ආවොත් ඒකත් පිළිගන්නවා. අදුක්ඛමසුඛ විඳීමක් ආවොත් ඒකත් පිළිගන්නවා. **අභිවදති** ඒ ගැන තමයි කියව කියව ඉන්න තියෙන්නේ. **අජ්ඣෝසාය තිට්ඨති** ඒකේ තමයි සිත බැසගන්නේ.

ජරාමරණ දුක කරා ම යනවා....

තස්ස තං වේදනං අභිනන්දතෝ අභිවදතෝ අජ්ඣෝසාය තිට්ඨතෝ විඳීම සතුටින් පිළිගන්න කොට, අගය කරන කොට, ඒකෙ බැසගන්න කොට **උප්පජ්ජති නන්දි** ඒකෙන් ආශ්වාදනීය සතුටක් උපදිනවා. ආශාවක් උපදිනවා. **යා වේදනාසු නන්දි** වේදනාව ගැන යම් ආසාවක් උපදියිද, **තදුපදානං** ඒක තමයි එතන තියෙන උපාදානය. ඊටපස්සේ එයාට ඒකෙන් ගැලවෙන්න බෑ. ඒකට එයා අහුවෙනවා. **තස්සුපාදාන පච්චයා භවෝ** අහුවුනාට පස්සේ එයා චේතනාව මුල් කරගෙන කයින් වචනයෙන් මනසින් ක්‍රියා කරන කොට විපාක පිණිස කර්ම හැදෙනවා. භවය හටගන්නවා.

භව පච්චයා ජාති ඒ භවය හේතුවෙන් එයාට ආයෙමත් හැදෙන්නේ ඉපදීමක්. ඉපදීම නිසා ජරා මරණ, සෝක වැළපීම්, දුක් දොම්නස්, සුසුම් හෙළීම් ආදිය හටගන්නවා. මේ විදිහට තමයි මුළු මහත් දුක්ඛස්කන්ධය ම හටගන්නේ. මේ විදිහට තමයි ඇස හරහා පටිච්චසමුප්පාදය හැදෙන්නේ.

කායානුපස්සනාවෙන් තොරයි....

ඊළඟට දේශනා කරනවා **සෝතේන සද්දං සුත්වා** කනින් ශබ්දයක් අහලා **පියරූපේ සද්දේ සාරජ්ජති** ප්‍රිය ස්වරූපයෙන් යුතු ශබ්දයට ඇලෙනවා. (සාරජ්ජති

කියන්නේ කෙලෙස් සහිතව ඇලෙනවා) **අප්පියරූපේ සද්දේ බ්‍යාපජ්ජති** අප්‍රිය වූ ශබ්දයට ගැටෙනවා. **අනුපට්ඨිත කායසති ච විහරති පරිත්තචේතසෝ** කායානුපස්සනාවෙන් තොරව පටු සිතකින් වාසය කරනවා. මේක තමයි සාමාන්‍ය ලෝකයේ මනුෂ්‍යයාගේ ස්වභාවය. මෙතනින් එහා යන්න බෑ ලෝකයේ කිසි කෙනෙකුට භාග්‍යවතුන් වහන්සේගේ ධර්මයෙන් තොරව.

තඤ්ච චේතෝ විමුත්තිං පඤ්ඤා විමුත්තිං යථාභූතං නප්පජානාති යම් තැනක පාපී අකුසල ධර්මයන් ඉතුරු නැතුව ප්‍රහීන වෙනවද, ඒ චේතෝ විමුක්තියත් ප්‍රඥා විමුක්තියත් ගැන දන්නෙ නෑ. ඒ කියන්නේ සමථයත් විදර්ශනාවත් ගැන දන්නෙ නෑ. සමථයෙන් ලැබෙන සමාධියෙන් චේතෝ විමුක්තිය ඇතිවෙනවා. විදර්ශනා ප්‍රඥාවෙන් ප්‍රඥා විමුක්තිය ඇතිවෙනවා. එතන තමයි අකුසල් ප්‍රහාණය වෙන්නේ. ඒ අකුසල් ප්‍රහාණය වෙන තැන මෙයාට ස්පර්ශ වෙලා නෑ. මෙයාට ස්පර්ශ වෙලා තියෙන්නේ ඇලීම් ගැටීම් දෙක විතරයි.

ඇලීමටත් ගැටීමටත් මැදි වී....

ඔය විදිහට ඇලීම් ගැටීම් දෙකට මැදිවෙලා වාසය කරද්දී මෙයාට ඇතිවෙනවා ඒ ශබ්දය මුල්කරගෙන සැප වේවා, දුක් වේවා, මධ්‍යස්ථ වේවා විඳීම් හටගන්නවා. එයා ඒ විඳීම **අභිනන්දති** සතුටින් පිළිගන්නවා. **අභිවදති** ඒක අගය කරනවා. ලස්සන සින්දුවක් ඇහුවා නම්, මං ෂෝක් සින්දුවක් ඇහුවා... මේක හරී ලස්සනයි... කිය කිය ඒක කියෝ කියෝ ඉන්නවා. **අජ්ඣෝසාය තිට්ඨති** ඒකෙ හිත බැසගන්නවා. ඒ විඳීම සතුටින් පිළිගන්න කොට,

අගය කරන කොට, ඒකේ බැසගන්න කොට, **උප්පජ්ජති නන්දි** ආශාව උපදිනවා.

යා වේදනාසු නන්දි තදුපාදානං විඳීම කෙරෙහි යම් ආශ්වාදනීය ඇල්මක් ඇද්ද, එය එහි උපාදානය යි. එතකොට එයා ඒකට අහුවෙනවා. එයා ඒකෙ ග්‍රහණයට ලක්වෙනවා. ඊටපස්සේ එතන ඉඳලා මොකද වෙන්නේ? **උපාදාන පච්චයා භවෝ** එයා ඒකට අහුවුනාට පස්සේ චේතනා පහළ කර කර කයෙන්, වචනයෙන්, මනසින් ක්‍රියාත්මක වෙනකොට විපාක පිණිස කර්ම හැදෙනවා. **භව පච්චයා ජාති** භවය හේතුවෙන් උපදිනවා. **ජාති පච්චයා ජරාමරණං** ඉපදීම නිසා ජරා මරණ, සෝක වැළපීම්, දුක් දොම්නස්, සුසුම් හෙළීම් ආදී මුළු මහත් දුක්ඛස්කන්ධය ම හටගන්නවා. මේ විදිහට තමයි කන හරහා පටිච්චසමුප්පාදය හැදෙන්නේ.

ලස්සන ජාතක කථාවක්....

මේ විස්තර කියද්දි මට මතක් වුනා ලස්සන ජාතක කථාවක්. බෝසතාණන් වහන්සේ එක්තරා ආත්මෙක උපදිනවා බරණැස් රජ්ජුරුවන්ගේ පුතෙක් වෙලා. ඒ බරණැස් රජ්ජුරුවන්ට ඉන්නවා පුතාලා සීයක්. මේකෙන් සිය වෙනියා හැටියට තමයි බෝසතාණන් වහන්සේ උපන්නේ. ඒ රාජ මාළිගාවට පසේබුදු රජාණන් වහන්සේලා දානෙට වඩිනවා. බෝසතාණන් වහන්සේ දවසක් කල්පනා කළා 'මට වඩා වැඩිමල් සහෝදරයො සිය දෙනෙක් ඉන්නවා. ඒ නිසා මට නම් රජකම හම්බවෙන එකක් නෑ. මං මේ ගැන පසේබුදුවරුගෙන් විමසලා බලන්න ඕනෙ. උන්වහන්සේලා දන්නවා මේවා ගැන." කියලා.

ඔන්න පහුවදා පසේ බුදුරජාණන් වහන්සේ නමකට උපස්ථාන කරලා අහනවා "ස්වාමීනී.... මට මේ රටේ රජකම හම්බවෙන එකක් නැද්ද?" කියලා. "ඔය ළමයට මෙහේ රජකම නෑ. හැබැයි ඔය ළමයට ගන්ධාර රටේ තක්ෂසිලාවේ රජකම උරුමයි. පුළුවන් නම් යාගන්න. ගියොත් සතියෙන් රජකම හම්බවෙනවා" කියනවා. "ස්වාමීනී, මං එහෙනම් යන්නම්" කියනවා.

දවස් හතෙන් රජකම ලැබෙනවා....

එතකොට පසේබුදු රජාණන් වහන්සේ කිව්වා "හැබැයි දරුවෝ... ගමන ලේසි නෑ... මහා වත්තනී කියන වනාන්තරය මැද්දෙන් යනවා නම් යොදුන් සීයක් තියෙනවා. (යොදුනකට කිලෝමීටර් දහයයි කියලා අපි දැනට ආසන්න වශයෙන් කියමු. එතකොට යොදුන් සීයයි කියන්නේ කිලෝමීටර් දාහක්) තව කෙටි පාරක් තියෙනවා. ඒකත් වනාන්තරයක් මැද්දෙන් යන්න තියෙන්නේ. ඒක යක්කු ඉන්න එකක්. හැබැයි යොදුන් පනහයි. බාගෙට බාගයක් ගමන කොටයි.

හැබැයි දරුවෝ... රූප, ශබ්ද, ගන්ධ, රස, ස්පර්ශ කියන පහෙන්ම අල්ලන යකින්නියෝ ඒ වනාන්තරයේ ඉන්නවා. රූපෙනුත් අල්ලනවා. සද්දෙනුත් අල්ලනවා. ගන්ධයෙනුත් අල්ලනවා. රසයෙනුත් අල්ලනවා. ස්පර්ශයෙනුත් අල්ලනවා. පුළුවන් නම් බේරිලා පලයන්. දවස් හතෙන් ගියොත් රජකම ලැබෙනවා" කියනවා. මේ කුමාරයා දැඩි අධිෂ්ඨානයක් ඇතිකරගෙන ඒ පාරෙන් යන්න තීරණය කරනවා. "එහෙනම් ඔය ළමයාගේ පරිස්සමට මේවා තියාගන්න" කියලා පිරිත් කරපු වැලි, පිරිත් පැන්, පිරිත් නූල් දුන්නා.

මං තනියම යනවා....

ඊටපස්සේ කුමාරයා තමන්ගේ සේවකයන්ට කතා කරලා කිව්වා "මට රජකම හම්බවෙන්න උරුමයක් තියෙනවා ගන්ධාර රටේ තක්ෂසිලාවේ. මං එහේ යන්ට පිටත්වෙනවා. මේ ගමන බොහොම භයානක ගමනක්. යකින්නියෝ පාරේ රැකගෙන ඉන්නවා. ඒ නිසා මේ ගමන මම තනියම යනවා." එතකොට පස් දෙනෙක් ඉදිරිපත් වුනා. "නෑ... කුමාරයාණෙනි, ඔබවහන්සේ සමඟ අපිත් එනවා...." කියලා. "උඹලට භයිය තියෙනවද යකුන්ගේ ගැටවලට අහුනොවී යන්න?" "ඔබවහන්සේට පුළුවන් නම් අපිට බැරි මොකද?" කියලා අහනවා.

"එහෙනම් ඉතින් අප්‍රමාදීව තමන් රැකගන්නවා නම් මට ප්‍රශ්නයක් නෑ" කියනවා. ඉතින් ඒ පස් දෙනත් එක්ක එකතුවෙලා දැන් ඔන්න පිටත් වුනා. යක්ෂයෝ වාසය කරන අඩවියටත් ආවා. මේගොල්ලෝ දිගටම පයින් යනකොට පේනවා ලස්සන ගෙවල් තියෙනවා. රූප සෝභාව කඩාහැලෙන ලස්සන කාන්තාවෝ ඉන්නවා. ඒ කාන්තාවෝ කතා කරනවා "අනේ අයියණ්ඩී... මොකද ඔය ඔහොම යන්නේ...? පොඩ්ඩක් විවේක අරගෙන යන්ට..." කියලා. එතකොට ඒ රූප සෝභාව දැක්ක ගමන් අර පස් දෙනාගෙන් එකෙක් වහ වැටුනා.

මං පොඩ්ඩක් විවේක අරන් එන්නම්....

එයා කියනවා. "කුමාරයාණෙනි, මගේ කකුල් රිදෙනවා නොවැ... මං පෝඩ්ඩක් විවේක අරන් එන්නම්..." එතකොට කුමාරයා අහනවා "උඹලට මතකද මං කලින් කියාපු එක...? ඔවුන් මිනිස්සු නෙවෙයි... ඔවුන්

යකින්නියො..." "උන් යකින්නියො වේවා නොවේවා මට නම් අඩියක් යන්න බෑ." "එහෙනම් තෝ හිටහං. අපි යනවා" කියලා පිටත් වුනා. යකින්නි අර පුද්ගලයාව අල්ලගෙන මරාගෙන කෑවා. දැන් බෝසතාණන් වහන්සේයි තව කොල්ලො කී දෙනාද ඉන්නේ? හතරයි.

ඊටපස්සේ තව ඉස්සරට යනකොට මිහිරි ශබ්ද ඇහෙනවා. වීණා වාදන ඇහෙනවා. තමන් ආසම කරන සින්දු ටික ඇහෙනවා. බැලින්නම් යක්ෂණියෝ ටිකක් කෙල්ලො වගේ ලස්සනට පෙනී ඉඳගෙන සිංදු කියනවා. බෝසතාණන් වහන්සේ එතනින් යනවා ඇහෙන්නෙ නෑ වගේ. මොකද පසේබුදුරජාණන් වහන්සේගේ අවවාදය මතකයි. පසේබුදුරජාණන් වහන්සේ කිව්වනේ 'ඉන්ද්‍රියයන් බිඳගත්තොත් ඉවරයි. ඉන්ද්‍රියයන් නොබිඳ ගියොත් බේරෙනවා' කියලා.

තව එකෙක් ඉවර වුනා....

ඉතින් මේ මිහිරි ශබ්දවලට එකෙක් අහුවුනා. බෝසතාණන් වහන්සේට කිව්වා "කුමාරයාණෙනි, මං ආසම කරන සිංදුවක් මේ ඇහෙන්නේ... පෝඩ්ඩක් ඉන්න. මං මේක අහලා එන්නම්" කිව්වා. එතකොට බෝසතාණන් වහන්සේ කිව්වා "ඇයි මිනිහෝ... තේරෙන්නෙ නැද්ද ගොනෝ... ඔවුන් මිනිස්සු නෙවෙයි... ඔවුන් යක්කු...!" කිව්වා. කිව්වට හරි ගියේ නෑ. "නෑ නෑ... එහෙම එකක් නෑ. මං චුට්ටක් ඉඳලා මං මේක අහලා එන්නම්" කියලා නැවතුනා. යකින්නියො හොඳට සිංදු ඉගැන්නුවා. ඊරි මාංස ඉරාගෙන කෑවා.

දැන් බෝසතාණන් වහන්සේයි අනිත් තුන්දෙනයි

තව ඉස්සරහට යද්දි ලොකු ෂොප් එකක් හම්බ වුනා. හැම සෙන්ට් වර්ගයක් ම තියෙනවා. ලස්සනට ඇඳගත්තු නෝනලා අර සෙන්ට් විහිදව විහිදව "එන්න අයියණ්ඩි... පෝඩ්ඩක් ඇඟේ තවරගෙන යන්න..." කියනවා. ඔතන ඉන්නවා සෙන්ට් වලට ආස කොල්ලෙක්. එයා බෝසතාණන් වහන්සේට කියනවා. "අනේ කුමාරයාණෙනි.... මං ආසම කරන සෙන්ට් එක මේකෙ තියෙනවා. මට මේ කඩේට ගොඩවෙලා යන්න විනාඩියකට අවසර දෙන්න" කිව්වා.

සිහිය උපදවා ගනින්....

එතකොට බෝසතාණන් වහන්සේ කිව්වා "විනාඩියක්වත් අවසර දෙන්නේ නෑ... පේන්නේ නැද්ද අර කලින් හිටපු උන්ට වෙච්ච දේ... කෝ උන් එනවද පස්සෙන්...? උන්ට වෙච්ච දෙයක් නෑ නේද? සිහිය උපදවා ගනින්..." කිව්වා. සිහිය ඉපදුනේ නෑ. "එහෙනම් ඔබවහන්සේලා වඩින්න. මම ආසම කරන සෙන්ට් එකක් මේ කඩේ තියෙනවා" කියලා කඩේට ගියා ගියාමයි. ආපහු ආවේ නෑ.

තව ටිකක් ඉස්සරහට යනකොට ලොකු හෝටලයක් තියෙනවා. එක එක සුවඳ හමන කෑම ජාති තියෙනවා. ලස්සනට ඇඳගත්තු ගෑණු කතා කරනවා "අයියණ්ඩි... මෙහෙ එන්න... පොඩ්ඩක් කාලා යන්න.... ඕගොල්ලො මේ යන්නේ හරියට කෑමක්වත් නැතුවනේ.... පෝඩ්ඩක් මේ රස විඳලා යන්න... බලන්න මේ ප්‍රණීත ආහාරපාන...." කියල කියනවා. ඔන්න කෑමට ආසා කෙනාගේ කටට හෝ ගාලා කෙළ එනවා.

ගියා ගියා ම යි....

ඉතින් කියනවා "මම ආසම කරන කෑම මේකේ තියෙනවා. මේ නිකං නේ කන්න දෙන්නේ... මම පොඩ්ඩක් ගොඩවෙලා එන්නම්" කියලා. එතකොට බෝසතාණන් වහන්සේ කියනවා "මතක නැද්ද දැන් අපිත් එක්ක ආපු අනිත් උන්ට වෙච්චි දේ... දැන්වත් සිහිය උපදගනින්..." සිහිය උපදින්නෙ නෑ. බලන්න ආසාවත් එක්ක වෙන දේ. ඊටපස්සේ කඩේට ගොඩවෙනවා. ගොඩ වුනා විතරයි යක්ෂණියන්ට අහුවුනා.

තව එක්කෙනයි ඉතුරු. තව ටිකක් ඉස්සරහට යනකොට හොඳ ලස්සන ගස් සෙවනේ හොඳ සුවපහසු යහන් පණවලා තියෙනවා. ඒ යහන්වල දෙපැත්තේ පවන් සළ සළ ලස්සන කුමාරිකාවෝ ඉන්නවා. යකින්නියෝ තමයි කුමරිකාවන්ගේ වෙස් අරගෙන පවන් සළ සළ ඉන්නේ. අරගොල්ලන්ට කියනවා "අයියණ්ඩී... ඔයාලගේ කකුල් රිදෙන්නැද්ද අනේ...? ඕගොල්ලන්ට මහන්සි නැද්ද...? පොඩ්ඩක් මෙතන්ට ඇවිල්ලා, හාන්සිවෙලා විනාඩි පහක් විවේක අරන් යන්න" කියනවා.

බෝසතාණන් වහන්සේ විතරයි ඉතුරු....

එතකොට අර ඉතුරු එකා කියනවා. "අනේ කුමාරයාණෙනි, මට අවස්ථාවක් දෙන්න. මං විනාඩි පහක් හාන්සි වෙලා ඉඳල එන්නම්... බලන්න අර සනීප මෙට්ට දාලා තියෙනවා. සැතපෙන්න කවුරුත් නෑ... වැඩි වෙලාවක් ඉන්නෙ නෑ. මං විනාඩි පහෙන් එනවා..." කියනවා. එතකොට බෝසතාණන් වහන්සේ කියනවා "මෝඩයෝ... දැක්කෙ නැද්ද කලින් උඹත් එක්ක ආපු

උන්ට වෙච්චි දේ... උඹත් ඒ ගොඩටද යන්ට හදන්නේ...? දැන්වත් සිහිය උපද්දගන්... ඔවුන් යකින්නියෝ..." කිව්වා. තේරුනේ නෑ. ගිහින් ඇඳේ හාන්සි වුනා විතරයි යක්ෂණියෝ එයාවත් කෑවා.

බලන්න මේ සංසාරේ ඔය විදිහට තමයි අහුවෙන්නේ. සිහිය නෑ. **පරිත්ත චේතසෝ** පටු සිතින් ඉන්නේ. ඊටපස්සේ මොකද වුනේ, මහ යකින්නි කල්පනා කළා. "අර ඉස්සරහින් ගිය එකා මහා ඇට්ටරයා. මේකව නොවැ අල්ලගන්න බැරි. මං මේකව කාලා මිසක් නවතින්නෙ නෑ" කියලා. ඊටපස්සේ එක එක ගුණ කිය කිය බෝසතාණන් වහන්සේ පිටිපස්සෙන් එනවා. බෝසතාණන් වහන්සේ පොඩ්ඩක් වත් ඒකට නැමෙන්නේ නැතුව යනවා.

ඒ මගේ ස්වාමියා....

එතකොට දැන් බෝසතාණන් වහන්සේ ඉස්සරහින් යනවා. පිටිපස්සෙන් ලස්සන රූපයක් තියෙන ස්ත්‍රියක් යනවා. ඔන්න දැන් වනාන්තරය පහුකරලා මිනිස්සු වාසය කරන පැත්තට ආවා. මේ යක්ෂණිය මොකද කරන්නේ, මිනිස්සුන්ට මේ මගේ ස්වාමි පුරුෂයා කියලා පෙන්නන්න හිතාගෙන සමහර වෙලාවට ළමයෙක් වඩාගෙන පිටිපස්සෙන් යනවා. එහෙම නැත්නම් ගර්භනී අම්මා කෙනෙක් වගේ යනවා. එතකොට ඒ පැත්තේ වාසය කරන මිනිස්සු අර ගෑණු එක්කෙනාගෙන් අහනවා "මොකද මේ ඔයා තනියම යන්නේ? අර ඉස්සරහින් යන්නේ කවුද?" කියලා අහනවා. "අනේ ඒ මගේ ස්වාමියා යන්නේ" කියනවා.

එතකොට අර මිනිස්සු බෝසතාණන් වහන්සේව නවත්තලා කියනවා "ඇයි මනුස්සයෝ, මොකද මේ වෙලා තියෙන්නේ...? මල් පෙත්තක් වගේ සිනිඳු, රෝස මලක් වගේ ලස්සන, දෙමව්පියන් අත්හැරලා, ඥාතීන් අත්හැරලා ආපු ඔබේ බිරිඳ නේද මේ..? ඇයි අනුකම්පාවක් නැත්තේ..? ආදරයෙන් කැඳවගෙන එක්කගෙන යන්න මේ යන ගමන" කියනවා. එතකොට කුමාරයා "මේ.... තමුසෙලා දන්නෙ නෑ මේ ප්‍රශ්නෙ... ඕකි මගේ බිරිඳක් නෙවෙයි.... ඕකි යක්ෂණියක්... පස් දෙනෙක් කාලා ඔය එන්නේ" කියනවා.

පිරිමින්නේ හැටි....!

එතකොට යකින්නි "අනේ බලන්ට අයියණ්ඩි, පිරිමින්නේ හැටි...! කේන්ති ගියාම තමන්ගේ බිරිඳව යකින්නි වෙනවා... තමන්ගේ බිරිඳව පෙරේති වෙනවා... බලන්න මේ ස්වාමිවරුන්ගේ හැටි හැබෑට..." කියල කියනවා. එතකොට මෝඩපහේ කෙනෙක් නම් මොකක්ද හිතන්නේ? හැබෑට මේ මනුස්සයෙක් වෙන්න ඇති කියලා හිතනවනේ ඒ වගේ වචන ඇහෙන කොට. අර මිනිස්සු ආයෙත් බනිනවා බෝසතාණන් වහන්සේට. දැන් දවස් හයක් ඉවරයි. දවස් හයක් පස්සෙන් ආවා මේ යකින්නි. කොහොම පුරුෂයෙක්ද? අන්න පුරුෂයෝ. අර පෙන්දෝ ටික වේලාසනින් ඉවර වුනා.

ඔහොම ගිහිල්ලා බෝසතාණන් වහන්සේ ඒ නගරයේ තිබුන අම්බලමක නැවතුනා. අම්බලමේ නැවතිලා අර පිරිත් පැන් ඉස්සා. දැන් යක්ෂණීට ඇතුලට එන්න බෑ. යක්ෂණී ලස්සන රූපයක් මවාගෙන දොරකඩ හිටගෙන

ඉන්නවා. තක්ෂසිලාවේ රජ්ජුරුවෝ චාරිකාවේ යද්දි දැක්කා මේ ලස්සන ගෑණු එක්කෙනාව. සේවකයෙකුට කිව්වා අහගෙන වරෙන් බැඳලද නැද්ද කියලා. ඒ මිනිහා ගිහිල්ලා ඇහුවා "ඔබතුමිය විවාහකද?" "ඔව්... මං විවාහකයි. අර ඉන්නේ මගේ මහත්තයා" කිව්වා.

යකින්නි රාජසන්තක වුනා....

ඊටපස්සේ බෝසතාණන් වහන්සේ ගාවට ගිහිල්ලා ඇහුවා "හැබෑද මේ ඔබේ බිරිඳ ද..?" "මොන බිරිඳක් ද... ඕකි යකින්නියක්... ඕකි දැන් පස්දෙනෙක්ව කාලා මාවත් කන්න බලාගෙනයි ඔය ඉන්නේ. අහුවෙන්න එපා ඕකිට..." කිව්වා. දෙකම ගිහිල්ලා රජ්ජුරුවන්ට කිව්වා. රජ්ජුරුවෝ කිව්වා "එහෙනම් පුරුෂයෝ නැති බඩු රාජසන්තකයි. එක්කන් වරෙන්..." කියලා. එක්කන් ආවා. ඇතා පිටේ තියා ගත්තා. මාළිගාවට එක්කගෙන ගියා.

මාළිගාවේ මෙයාගේ රූප සෝභාව තරම් රූප සෝභාවක් තියෙන වෙන කෙනෙක් දකින්න නෑ. ඇයි මේ මායාවනේ. රජ්ජුරුවෝ හොඳටම වසඟ වුනා. මෙයා රජ්ජුරුවොත් එක්ක යහනේ සැතපිලා රජ්ජුරුවන්ට පෙම් බස් දොඩ දොඩා ඉන්නවා. දැන් රජ්ජුරුවෝ රාගයෙන් මත් වෙලා. මේ යකින්නි කියනවා "දේවයන් වහන්ස, මාව අලුතින් ඔබවහන්සේ කැඳවාගෙන ආවේ මහපාරේ ඉඳලා. අනාගතයේ මේ අන්තඃපුරයේ අනිත් ස්ත්‍රීන් මට වෙනස්කම් කරාවි 'මං පාරෙන් අහුලං ආපු එකියක් ය...' කියලා. ඒ නිසා ඔබවහන්සේ මේ රාජ්‍යයේ සම්පූර්ණ අණසක පවත්වන්න මට බලය දෙන්න" කියනවා. ඕන්න ගැටේ ගහන විදිහ.

රාගයෙන් මත් වූ මෝඩ රජා....

එතකොට රජ්ජුරුවෝ කියනවා "මුළු රාජ්‍යයේ ම අණසක පවත්වන්න ඕන නෑනේ සොඳුරිය... මේ රාජ්‍යය ම ඔබතුමියට ඉරිසියා කරන්නේ නෑනේ..." "එහෙනම් මේ ඇතුලු නුවර මගේ අණසක පවත්වන්න ඔබවහන්සේ මට අවසර දෙන්න." රාගයෙන් මත්වෙලා හිටිය රජ්ජුරුවෝ "හොඳයි සොඳුරිය... ඔයාට මේ මොහොතේ සිට මේ ඇතුලු නුවර අණසක පවත්වන්න මම අවසර දෙනවා" කියනවා. රෑ ඔක්කොම ඇතුලු නුවර දොරවල් වහලා රජ්ජුරුවෝ මේ යකින්නිත් එක්ක කාම සේවනය කරලා බුදියගත්තා. නින්ද ගියා. දැන් රාජ ආඥාව ලැබිලා තියෙන්නේ. යකින්නි යක් පුරයට ගිහින් සෙනඟ එක්කන් ආවා. ඒ ජාතක පොතේ සඳහන් වෙනවා මුළු ඇතුලු නුවර ම බල්ලන්ගේ කුකුලන්ගේ ඉඳලා මිනිස්සුයි සත්තුයි ඔක්කොම කාලා ඇටසැකිලි විතරක් දාලා ගියා කියලා.

බෝසතාණන් වහන්සේට රජකම....

පහුවදා උදේ මිනිස්සු ඇවිල්ලා බලද්දී දොරවල් ලොක් කරලා. දොරවල් අරින්නේ නෑ. පොරෝ ගෙනල්ලා දොරවල් කැඩුවා. කඩලා බැලුවාම සම්පූර්ණයෙන් ම ඇටගොඩක් තියෙන්නේ. ඊටපස්සේ ඒවා ඔක්කෝම අස් කරලා මිනිස්සු කතා වුනා කාවද ඊළඟට රජකමට තෝරගන්නේ කියලා. එතකොට මිනිස්සු කිව්වා "මේ සිද්ධිය දන්න එක්කෙනෙක් ඉන්නවා අර විශ්‍රාම ශාලාවේ නැවතිලා. එතුමා කිව්වා 'මේ යක්ෂණියක්... ඕකිට අහුවෙන්න එපා...' කියලා. කිව්වට කවුරුවත් ඇහුවේ නෑ. අන්න රජකමට සුදුසු කෙනා. ඉන්ද්‍රියයන් බිඳ ගන්නේ නැතිව මේ අභියෝගය ජය අරගෙන යක්ෂ

ග්‍රහණයෙන් බේරුනේ එතුමා විතරයි. එතුමාගෙන් නම් රටට යහපතක් වේවි" කිව්වා. මැතිඇමතිවරු ඔක්කෝම ගිහිල්ලා බෝසතාණන් වහන්සේව වඩම්මාගෙන ඇවිල්ලා රාජ ආසනේ වාඩි කෙරෙව්වා. රජවුනා.

ප්‍රිය අරමුණ සතුටින් පිළිගන්නවා....

සාමාන්‍ය මනුස්සයෙකුට හිතාගන්න පුළුවන්ද? ඇයි මේ පහෙන් ම අහුවෙනවනේ. මේ පංච කාමයන්ට අහුනොවී ඉන්නවා කියන්නේ බොහෝම දුෂ්කර දෙයක්. එතකොට දැන් අපි කතා කරමින් හිටියේ ආයතන හය මුල් වෙලා පටිච්ච සමුප්පාදය හටගන්න හැටි. ඊළඟට බුදුරජාණන් වහන්සේ වදාරනවා "**ඝානේන ගන්ධං ඝායිත්වා පියරූපේ ගන්ධෙ සාරජ්ජති** ඔහු නාසයෙන් ගඳසුවඳ ආඝ්‍රාණය කරලා ප්‍රිය ස්වභාවය ඇති සුවඳට ඇලෙනවා. අප්‍රිය ස්වභාවය ඇති ගඳට ගැටෙනවා. කය පිළිබඳ සිහිය පිහිටුවා නොගෙන, පටු සිතින් වාසය කරනවා.

මේ නිසා යම් අකුසලයක් හට ගන්නවාද, ඒ අකුසලය ප්‍රහාණය වෙන චේතෝ විමුක්තියත් ප්‍රඥා විමුක්තියත් ගැන එයා දන්නේ නෑ. ඒ නිසා මේ ඇලීම් ගැටීම් වලට මැදිවෙලා වාසය කරද්දී, මෙයාට නාසයේ ස්පර්ශය මුල්වෙලා යම් සැප වේදනාවක් හෝ දුක් වේදනාවක් හෝ අදුක්ඛමසුඛ වේදනාවක් හෝ හටගන්නවාද **අභිනන්දති** එය සතුටින් පිළිගන්නවා. ඊළඟට **අභිවදති** ඒකේ ගුණ කියනවා. **අජ්ඣෝසාය තිට්ඨති** ඒකේ හිත බැසගන්නවා.

තණ්හා ආසා....

තස්ස තං වේදනං අභිනන්දතෝ අභිවදතෝ අජ්ඣෝසාය තිට්ඨතෝ මේ විදිහට වේදනාව සතුටින්

පිළිගනිද්දි, ඒකේ ගුණ කියද්දි, ඒකේ බැසගනිද්දි **උප්පජ්ජති නන්දි** ආසාවක් උපදිනවා. ඒ විඳීම් කෙරෙහි යම් ආශාවක් ඇත්ද, ඒක තමයි උපාදානය. එයා දැඩිලෙස ඒකට බැඳිලා යනවා. දැඩිලෙස බැඳිලා ගියාට පස්සේ ඒකෙන් ගැලවෙන්න බෑ. එතන ඉඳලා එයා චේතනාව පහල කරන්නේ ඒ බන්ධනයත් එක්කයි. උපාදානයත් එක්කයි. ඊට පස්සේ මොකද වෙන්නේ, **උපාදාන පච්චයා භවෝ** උපාදාන නිසා විපාක පිණිස කර්ම හැදෙනවා. **භව පච්චයා ජාති** විපාක පිණිස කර්ම හැදීම නිසා උපදිනවා. උපදින නිසා එයාට නැවත නැවත ජරා මරණ සෝක වැලපීම් දුක් දොම්නස් සුසුම් හෙළීම්වලට මුහුණ දෙන්නට වෙනවා.

දිව මුල් වී පටිච්ච සමුප්පාදය....

ඊළඟට දේශනා කරනවා **ජිව්හාය රසං සායිත්වා** දිවෙන් රසයක් විඳ **පියරූපේ රසේ සාරජ්ජති** ප්‍රිය මනාප වූ රසයට ඇලෙනවා. **අප්පියරූපේ රසේ බ්‍යාපජ්ජති** අප්‍රිය වූ රසයට ගැටෙනවා. කය ගැන සිහියෙන් තොරවයි ඉන්නෙ. පටු සිතිනුයි ඉන්නෙ. මේ නිසා කුසල් හෝ අකුසල් හෝ හටගන්නවාද, ඒක ප්‍රහාණය වෙන චේතෝ විමුක්තියත් ප්‍රඥා විමුක්තියත් මොකක්දැයි කියලා එයා දන්නේ නෑ. මේ නිසා මොකද වෙන්නේ, රසය මුල් කරගෙන ඇලීම් ගැටීම්වලට මැදිවෙන තැනැත්තාට යම්කිසි සැපක් හෝ දුකක් හෝ අදුක්ඛමසුඛ විඳීමක් හටගන්නවාද, ඒ විඳීම එයා සතුටින් පිළිගන්නවා. එකේ ගුණ කියනවා, ඒකේ සිත බැසගන්නවා.

එතකොට **උප්පජ්ජති නන්දි** ඇල්ම හටගන්නවා. එතනදි එයා ඒකට තමයි සම්පූර්ණයෙන් ම ග්‍රහණය

වෙන්නේ. උපාදානයට ග්‍රහණය වෙච්ච ගමන් ගැලවෙන්න බෑ. එතන ඉඳලා එයා චේතනා පහල කරන්නේ ඒ ඇල්ම කරපු දේ ගැනයි. ඊට පස්සේ මොකද වෙන්නේ, එතන ඉඳලා එයාට විපාක විඳීම පිණිස කර්ම සකස් වෙනවා. **භව පච්චයා ජාති** ඒ නිසා උපදිනවා. ඉපදුනාට පස්සේ ජරා මරණ, සෝක වැලපීම්, දුක් දොම්නස්, සුසුම් හෙලීම් කියන මුළු මහත් දුක් රැස ම හටගන්නවා. මේකේ අවසානයක් වෙන්නේ නෑ.

කය මුල් වී පටිච්ච සමුප්පාදය....

ඊළඟට තියෙනවා **කායේන ඵොට්ඨබ්බං ඵුසිත්වා** කයින් ස්පර්ශයක් ලබා **පියරූපේ ඵොට්ඨබ්බේ සාරජ්ජති.** ප්‍රියමනාපස්පර්ශයට ඇලෙනවා. **අප්පියරූපේ ඵොට්ඨබ්බේ බ්‍යාපජ්ජති** අප්‍රිය වූ ස්පර්ශයට ගැටෙනවා. කය පිළිබඳ සිහියෙන් තොරව පටු සිතින් වාසය කරනවා. පාපී අකුසල් ඉතුරු නැතුව නිරුද්ධ වෙන යම් චිත්ත විමුක්තියක්, ප්‍රඥා විමුක්තියක් ඇද්ද, ඒ ගැන කිසිම අවබෝධයක් නෑ. එහෙනම් මේ ඔක්කොම වෙන්නේ මොකෙන්ද? **අනුපට්ඨිතකායසති** කායානුපස්සනාවෙන් තොරව සිටීම නිසා. සාමාන්‍ය මනුස්සයා කායානුපස්සනාවේ පිහිටලා නෙවෙයි ඉන්නේ. පංචකාම අරමුණු ගන්න ගිහිල්ලා සම්පූර්ණයෙන් ම අවුල් වෙච්ච හිතකින් ඉන්නේ. එතකොට හිත පටුවෙනවා.

ඒ පටු ස්වභාවය නිසා එයා කයේ ස්පර්ශයෙන් හටගන්න සැප වේවා දුක් වේවා දුක්සැප රහිත වේවා විඳීමක් එනකොට ඒක සතුටින් පිළිගන්නවා. ඊටපස්සේ ඒකේ ගුණ කියනවා. ඒකේ හිත බැසගන්නවා. එතනින් එහාට දෙයක් මොකුත් කරගන්න දන්නේ නෑ.

ඊටපස්සේ මොකද වෙන්නේ ඔන්න එතනත් එයාට පටිච්චසමුප්පාදය හැදෙනවා.

මනස මුල් වී පටිච්ච සමුප්පාදය....

ඊටපස්සේ බුදුරජාණන් වහන්සේ පෙන්වා **මනසා ධම්මං විඤ්ඤාය** මනසින් අරමුණු දැනගෙන, (ඇහෙන් දැකපු රූප ගැන මනසට මතක් වෙනවා. කනෙන් අහපු ශබ්ද සිතට මතක් වෙනවා. නාසයට දැනිච්ච ගඳ සුවඳ සිතට මතක් වෙනවා. දිවට දැනුන රස සිතට මතක් වෙනවා. කයට දැනුන පහස සිතට මතක් වෙනවා) මතක් වෙනකොට මොකද වෙන්නේ, ප්‍රිය මනාප වූ අරමුණු එනකොට හිත ඒකට ඇලෙනවා. අප්‍රිය අමනාප අරමුණු එනකොට ගැටෙනවා. කායානුපස්සනාවෙන් තොරව පටු සිතින් වාසය කරනවා.

ඇලීම් ගැටීම් දුරුවෙන තැන සමථ විදර්ශනාව කියලා එයා දන්නේ නෑ. ඒ නිසා මොකද වෙන්නේ, එයාට සැප විඳීමක් හෝ දුක් විඳීමක් හෝ දුක් සැප රහිත විඳීමක් හෝ හටගන්නකොට ඒක හිතෙන් පිළිග න්නවා. ඒක හිතෙන් වැළඳගන්නවා. වැළඳගෙන ඒකේ ගුණ කියන්න ගන්නවා. මතක් වුනේ හොඳ දෙයක් නම්, එයා ආසා කරන එකක් නම්, හිත ඇලුන දෙයක් නම්, ඒ ඇලිච්ච දේ මෙනෙහි කර කර ඉන්න ආසයි. සමහර අවස්ථාවල ගැටිච්ච දේත් මෙනෙහි කර කර ඉන්න ආසයි. ගැටිච්ච දේත් මෙනෙහි කරනවා.

ඇල්ම නිසයි උපාදාන....

එතකොට මොකද වෙන්නේ, **උප්පජ්ජති නන්දි** ඒකේ ආශ්වාදයට ඇලෙනවා. **යා වේදනාසු නන්දි**

තදුපාදානං විදීම් කෙරෙහි යම් ඇල්මක් ඇද්ද, ආශාවක් ඇද්ද, ආශ්වාදයෙන් ඇලීමක් ඇද්ද, සතුටු වීමක් ඇද්ද, ඒකට එයා දැඩිලෙස අහුවෙනවා. ඊටපස්සේ ඒකෙන් වෙන්වෙලා නෑ. ඒකත් එක්කයි ඉන්නේ. උපාදානය කියන්නේ ඒකටයි. හොඳට මතක තියාගන්න ඒක. අපට යම්කිසි ආශාවක් ඇතිවුනා නම්, ඒ ආශාවත් එක්ක තමයි එයා ඉන්නේ. ඒකෙන් වෙන් වෙන්න බෑ. ඒකටයි උපාදාන කියන්නේ.

ඊටපස්සේ එතන ඉඳලා එයා ඒ ගැන කල්පනා කර කර, චේතනා පහල කර කර කියන්නේ, කරන්නේ, කල්පනා කරන්නේ ඒවාට අනුවයි. එතකොට භවය හැදෙනවා. **භව පච්චයා ජාති** භවය නිසා උපදිනවා. ඉපදීම නිසා ජරා මරණ, සෝක වැලපීම්, දුක් දොම්නස්, සුසුම් හෙලීම් කියන මේ මුළු මහත් දුක ම හට ගන්නවා. තරුණ වයසේ ඉන්න කෙනෙක් ඔය විදිහට වාසය කරද්දි ඔන්න කල්ප කලාන්තරයක් තිස්සේ තිබුණ නියඟය නැතිකරගෙන වැස්සක් වහිනවා වගේ **ඉධ භික්ඛවේ තථාගතෝ ලෝකේ උප්පජ්ජති** බුදුකෙනෙක් ලෝකේ උපදිනවා.

නිවන් මග දේශනා කරනවා....

එහෙම වාසය කරන මිනිස්සු ඉන්න ලෝකේ තමයි බුදු කෙනෙක් උපදින්නේ. ඒ බුදුරජාණන් වහන්සේ අරහං, සම්මා සම්බුද්ධෝ, විජ්ජාචරණසම්පන්නෝ, සුගතෝ, ලෝකවිදූ, අනුත්තරෝ පුරිසදම්මසාරථී, සත්ථා දේවමනුස්සානං, බුද්ධෝ, භගවා යන ගුණයන්ගෙන් යුක්තයි. ඒ තථාගතයන් වහන්සේ දෙවියන් සහිත, මරුන් සහිත, බඹුන් සහිත, ශ්‍රමණ බ්‍රාහ්මණයන් සහිත, දෙව් මිනිස් ප්‍රජාවෙන් යුතු මේ ලෝකය තමන්ගේ ම

නුවණින් අවබෝධ කරලා, ලෝකෙට හෙළිදරව් කරනවා. ඒ තථාගතයන් වහන්සේ දහම් දෙසනවා. **ආදි කල්‍යාණං මජ්ඣෙ කල්‍යාණං පරියෝසාන කල්‍යාණං** මුල, මැද, අග කල්‍යාණ වූ, අර්ථ සහිත, ව්‍යඤ්ජන සහිත, පිරිපුන් පිරිසුදු නිවන් මග දේසනා කරනවා.

දේශනා කරනකොට **තං ධම්මං සුණාති ගහපති වා ගහපතිපුත්තෝ** වා අර විදිහට ඇහෙන්, කනෙන්, නාසයෙන්, දිවෙන්, කයෙන්, මනසින් පටිච්චසමුප්පාදය හැදෙන ඉරණමට ගොදුරු වෙලා ගිහි ගෙදර වාසය කරන කෙනෙකුට ඒ ධර්මය අහන්න ලැබෙනවා. අහන්න ලැබෙනකොට මොකද වෙන්නේ **සෝ තං ධම්මං සුත්වා** ඔහු ඒ ධර්මය අහලා **තථාගතේ සද්ධං පටිලභති** තථාගතයන් වහන්සේ කෙරෙහි ශ්‍රද්ධාව උපදවා ගන්නවා. බුදුරජාණන් වහන්සේගේ අවබෝධය හරියි, නිවැරදියි, සම්පූර්ණයි කියලා ශ්‍රද්ධාව උපදවා ගන්නවා.

ගිහි දිවිය අත්හරියි....

සෝ තේන සද්ධාපටිලාභේන සමන්නාගතෝ ඔහු ඒ ශ්‍රද්ධා ලාභයෙන් යුක්ත වෙලා **ඉති පටිසඤ්චික්ඛති** මේ විදිහට කල්පනා කරනවා. අර කලින් කියපු විදිහට ඇලීම් ගැටීම් වලට මැදි වෙලා, ආයතන හයෙන් ම පටිච්චසමුප්පාදය හැදෙන ඉරණමට ගොදුරු වෙච්ච කෙනෙකුට තමයි අහන්න ලැබුනේ බුදු කෙනෙකුගේ ධර්මය. ඒ ධර්මය තුළ සසර දුක ගැන, දුක හටගන්න ආකාරය ගැන, නිවන ගැන, ඒ නිවනට යන්න තියෙන මාර්ගය ගැන කතා කරනවා.

එතකොට එයා කල්පනා කරනවා **සම්බාධෝ ඝරාවාසෝ රජාපථෝ** මේ ගිහි ජීවිතේ හරිම කරදරයි.

කෙලෙස් උපදින මගක්. **අබ්භෝකාසෝ පබ්බජ්ජා** පැවිදි වුනා නම් ආකාසේ වගේ නොවැ. **නයිදං සුකරං අගාරං අජ්ඣාවසතා ඒකන්තපරිපුණ්ණං ඒකන්තපරිසුද්ධං සංඛලිඛිතං බ්‍රහ්මචරියං චරිතුං** ඒකාන්ත පරිපූර්ණ වූ, මුළුමනින් ම පිරිසිදු වූ, සුදෝ සුදු නිවන් මග, ගිහියෙක් වශයෙන් හැසිරෙන එක ලේසි වැඩක් නෙවෙයි. ඒ නිසා මං කෙස් රැවුල් බාලා, කසාවත් පොරවගෙන, ගිහි ජීවිතේ අත්හැරලා, මහණ වෙන එක තමයි හොඳ' කියලා කල්පනා කරනවා.

ඉස්සෙල්ලා ම සිල්වත් වෙනවා....

එයා පස්සේ කාලේ අල්ප වූ වස්තුවක් තිබුනා නම් ඒක අතහැරලා, මහා ධනයක් තිබුනා නම් ඒක අතහැරලා, අල්ප ඥාතීන් හිටියා නම් ඒ ඥාතීන් අතහැරලා, මහා නෑදෑ පිරිසක් හිටියා නම් ඒ ඥාතීන් අතහැරලා, කෙස් රැවුල් බාලා ගිහි ජීවිතේ අත්හැරලා පැවිදි වෙනවා. පැවිදි වුනාට පස්සේ භික්ෂූන්ට අයිති සිල්පදවල හික්මෙනවා. කොහොමද හික්මෙන්නේ? **පාණාතිපාතං පහාය පාණාතිපාතා පටිවිරතෝ හෝති.** සතුන් මැරීම අත්හැරලා, සතුන් මැරීමෙන් වැළකී වාසය කරනවා. දඬුමුගුරු අත්හැරලා, අවි ආයුධ අත්හැරලා, සතුන්ට හිංසා කිරීමට ලැජ්ජාවෙන් වාසය කරනවා. සියලු ප්‍රාණීන් කෙරෙහි හිතානුකම්පීව වාසය කරනවා.

ඊටපස්සේ **අදින්නාදානං පහාය අදින්නාදානා පටිවිරතෝ හෝති.** හොරකම අත්හැරලා හොරකමින් වැළකී වාසය කරනවා. **දින්නාදායී** දුන්න දෙයක් විතරක් ගන්නවා. **දින්නපාටිකංඛී** දුන් දෙයක් විතරක් ගන්න කැමති වෙනවා. **අථේනේන සුචිභූතේන අත්තනා**

විහරති සොර සිතකින් තොරව වාසය කරනවා. ඊළඟට **අබ්‍රහ්මචරියං පහාය බ්‍රහ්මචාරී හෝති.** අබ්‍රහ්මචාරීබව බැහැරකරලා බ්‍රහ්මචාරීව වාසය කරනවා. ග්‍රාම්‍ය ධර්මයක් වූ මෛථුනයෙන් වෙන්වෙලා වාසය කරනවා.

පිරිසිදු ජීවිතයක් ගත කරයි....

මුසාවාදං පහාය මුසාවාදා පටිවිරතෝ හෝති. බොරුකීම අත්හැරලා බොරු කීමෙන් වැළකී වාසය කරනවා. සත්‍යවාදී වෙනවා. ඇත්ත ගලපා කතා කරන කෙනෙක් වෙනවා. අර්බුද ඇතිවෙන කරුණු වලින් තොරව, පැහැදිලි වචන වලින් යුක්තව වාසය කරනවා. **පිසුණං වාචං පහාය පිසුණාය වාචාය පටිවිරතෝ හෝති.** කේලාම් කීම අතහැරලා කේලාම් කීමෙන් වැළකී වාසය කරනවා. අවුල් හදන්න හිතාගෙන මෙතනින් අහලා අතන කියන්නෙත් නෑ. එතනින් අහගෙන ඇවිත් මෙතන කියන්නෙත් නෑ. **සමග්ගරතෝ** සමගියට ඇලිලා, **සමග්ගාරාමෝ** සමගියට ආසා කරලා, **සමග්ගනන්දි** සමගියෙන් සතුටු වෙමින් **සමග්ගකරණිං වාචං භාසිතා හෝති** සමගිය ඇතිවෙන වචන ම කතා කරනවා.

ඊළඟට පරුෂ වචනවලින් බැහැර වෙලා ප්‍රියමනාප වූ, වැදගත් වචන කතා කරනවා. ඊළඟට හිස් වචනවලින්, ළාමක කතා බහෙන් වැළකිලා, අර්ථවත් වූ, ප්‍රයෝජනවත් වූ, යහපත් වචන වලින් යුක්තව වාසය කරනවා. ඊටපස්සේ මේකේ තියෙනවා ඒ කෙනා ගස්වැල් කපන ආදී කටයුතු කරන්නේ නැතිව, උදේ වරුවේ විතරක් දානේ වළඳලා, විකාලභෝජනයෙන් වෙන්වෙලා, නැටුම් ගැයුම් වැයුම් විසූක දර්ශන නැරඹීමෙන් වෙන්වෙලා, මල් සුවඳ විලවුන්

දැරීම් මණ්ඩන විභූසන ආදියෙන් වෙන්වෙලා, වටිනා සුඛෝපභෝගී ආසන පරිහරණයෙන් වෙන්වලා, රන්රිදී ආදිය පිළිගැනීමෙන් වෙන්වෙලා ඉන්නවා.

කරදර නැති ජීවිතයක්....

ඊළඟට අමු ධාන්‍ය, අමු මස් ආදිය පිළිගැනීමෙන් වෙන්වෙලා, ස්ත්‍රී කුමාරියන්, දැසි දැස්සන් පිළිගැනීමෙන් වෙන්වෙලා, එළුවන් ඌරන් කුකුළන් පිළිගැනීමෙන් වෙන් වෙලා, ඇතුන් ගවයන් ආදී සතුන් පිළිගැනීමෙන් වෙන් වෙලා, කුඹුරු වතුපිටි පිළිගැනීමෙන් වෙන් වෙලා වාසය කරනවා. දූත කටයුතු ආදිය කරන්නේ නැතිව, කාටවත් වංචනික ආකාරයේ කටයුතු කරන්නේ නැතිව වාසය කරනවා. ඒ වගේම වධ බන්ධන, කලකෝලාහල ආදියට සම්බන්ධ නොවී වාසය කරනවා.

ඊටපස්සේ **සෝ සන්තුට්ඨෝ හෝති** එයා ලද දෙයින් සතුටු වෙනවා. කොහොමද ලද දෙයින් සතුටු වෙන්නේ? **කායපරිහාරියේන චීවරේන** කය වැසෙන සිවුරෙන්, **කුච්ඡිපරිහාරියේන පිණ්ඩපාතේන** කුස පිරෙන පිණ්ඩපාතයෙන් සතුටුවෙලා වාසය කරනවා. **යේන යේනේව පක්කමති** කොයි කොයි පළාතකට ගියත් **සමාදායේව පක්කමති** එයාට අරගෙන යන්න තියෙන්නේ පාත්තරෙයි සිවුරයි විතරයි. **සෙය්‍යථාපි නාම පක්ඛිසකුණෝ** ඒක හරියට කුරුල්ලෙක් යන යන තැන පියාපත් බර විතරක් අරගෙන යනවා වගේ. ඒ විදිහට භික්ෂුවත් ලැබුන සිවුරකින්, ලැබෙන ආහාරයකින් සතුටු වෙලා වාසය කරනවා.

නිවැරදි ජීවිතය තුළින් උපදින සතුට....

සෝ ඉමිනා අරියේන සීලක්ඛන්ධේන සමන්නාගතෝ එයා මේ විදිහට ආර්ය වූ සීලස්කන්ධයෙන් යුක්ත වෙලා **අජ්ඣත්තං අනවජ්ජසුඛං පටිසංවේදේති** ආධ්‍යාත්මයේ නිවැරදි සැපයක් විඳිනවා. කාටවත් කරදරයක් නැති තමන්ගේ සරල ජීවිතය ගැන සතුටක් හටගන්නවා. දැන් ඔන්න වැඩේ පටන් ගන්නවා. **සෝ චක්ඛුනා රූපං දිස්වා න නිමිත්තග්ගාහී හෝති නානුබ්‍යඤ්ජනග්ගාහී** ඒ භික්ෂුව ඇහෙන් රූප දැකලා නිමිති ගන්නෙ නෑ. නිමිත්තක කොටසක්වත් ගන්නේ නෑ.

යත්වාධිකරණමේනං චක්ඛුන්ද්‍රියං අසංවුතං විහරන්තං අභිජ්ඣාදෝමනස්සා පාපකා අකුසලා ධම්මා අන්වාස්සවෙය්‍යුං ඇස නමැති ඉන්ද්‍රිය අසංවරව වාසය කරද්දී ඇලීම් ගැටීම් දෙක තමන්ගේ පස්සෙන් පන්නාගෙන එනවාද, **තස්ස සංවරාය පටිපජ්ජති.** එහි සංවරය පිණිස පිළිපදිනවා. **රක්ඛති චක්ඛුන්ද්‍රියං** ඇස නමැති ඉන්ද්‍රිය රැකගන්නවා. **චක්ඛුන්ද්‍රියේ සංවරං ආපජ්ජති** ඇස නමැති ඉන්ද්‍රියේ සංවරයට පැමිණෙනවා.

ආර්ය වූ ඉන්ද්‍රිය සංවරය....

කලින් වුනේ මොකක්ද? **චක්ඛුනා රූපං දිස්වා පියරූපේ රූපේ සාරජ්ජති** ඇසින් රූපයක් දැකලා ප්‍රිය ස්වභාවයෙන් යුතු රූපයේ ඇලුනා. **අප්පියරූපේ රූපේ බ්‍යාපජ්ජති** අප්‍රිය ස්වභාවයෙන් යුතු රූපයට ගැටුනා. ඇලීම් ගැටීම් පන්නගෙන එනකොට මෙයා ඒක පිළිගත්තා. එතන තමයි මේ පටිච්චසමුප්පාදය නිර්මාණය වෙන්න

පටන් ගත්ත තැන. දැන් මෙයා ඒ ඇලීම් ගැටීම් වලට පන්නගෙන එන්න දෙන්නේ නෑ.

ඊළඟට එයා **සෝතේන සද්දං සුත්වා** කනෙන් ශබ්දයක් අහලා ඒකේ නිමිති ගන්නේ නෑ. අනුනිමිති ගන්නෙත් නෑ. කනෙන් නිමිති, අනුනිමිති අරන් අවුලක පැටලිලා වාසය කරනවාද ඒකෙන් වළකිනවා. වැළකිලා කන නමැති ඉන්ද්‍රියේ සංවරයට පත්වෙනවා. ඊළඟට තියෙනවා **සානේන ගන්ධං සායිත්වා** නාසයෙන් ගඳ සුවඳක් ආඝ්‍රාණය කරලා ඒකේ නිමිති ගන්නේ නෑ. අනුනිමිති ගන්නෙත් නෑ. නාසය අසංවර වීමෙන් ඇලීම් ගැටීම් දෙක පස්සෙන් එනවද, ඒක වළක්වනවා. නාසය නමැති ඉන්ද්‍රිය රැකගන්නවා.

ආධ්‍යාත්මයෙහි පීඩා රහිත වූ සැපය....

ඊළඟට දිවෙන් රසයක් දැනගත්තට පස්සේ ඒ රසයේ නිමිති ගන්නේ නෑ. නිමිත්තක කොටසක්වත් ගන්නේ නෑ. ඒ නිමිති ගැනීම නිසා ඇලීම් ගැටීම් දෙක පස්සෙන් ඇවිල්ලා තමන්ට හිංසා කරනවාද, ඒක වළක්වනවා. දිව නමැති ඉන්ද්‍රිය රැක ගන්නවා. ඊළඟට කයෙන් පහස ලබලා ඒකේ නිමිති ගන්නේ නෑ. නිමිත්තක කොටසක්වත් ගන්නේ නෑ. ඒ කායින්ද්‍රිය අසංවරව වාසය කිරීම නිසා ඇතිවන අර්බුද වලට ඉඩදෙන්නේ නෑ.

ඊටපස්සේ මනසට ඇලීම් ගැටීම් දෙකට හේතුවන අරමුණු එනකොට ඒවායේ නිමිති ගන්නේ නෑ. නිමිත්තක කොටසක්වත් ගන්නේ නෑ. මනස නමැති ඉන්ද්‍රිය අසංවරව වාසය කරනකොට ඇලීම් ගැටීම් දෙක පස්සෙන් පන්න පන්න හිරිහැර කරනවාද, ඒ හිරිහැරය එන්න දෙන්නේ

නැතිව මනින්ද්‍රිය රැකගන්නවා. මේ විදිහට ආර්ය වූ ඉන්ද්‍රිය සංවරයකින් යුක්තව වාසය කරනවා. එයා මේ විදිහට ආර්ය වූ ඉන්ද්‍රිය සංවරයෙන් යුක්තව තමන් තුළ පීඩා රහිත වූ මහත් සැපයක් විඳිනවා.

ආර්ය වූ සතිසම්පජඤ්ඤය....

ඊටපස්සේ එයා තවදුරටත් හික්මෙනවා. **සෝ අභික්කන්තේ පටික්කන්තේ සම්පජානකාරී හෝති.** ඉදිරියට යද්දී, ආපසු හැරී එද්දී සිහි කල්පනාවෙන් වාසය කරනවා. **ආලෝකිතේ විලෝකිතේ සම්පජානකාරී හෝති.** ඉදිරිය බලද්දි, වටපිට බලද්දි සිහි කල්පනාවෙන් වාසය කරනවා. **සම්මිඤ්ජිතේ පසාරිතේ සම්පජානකාරී හෝති.** අතපය දිගහරිද්දි, අකුලද්දි සිහි කල්පනාවෙන් වාසය කරනවා. **සංඝාටිපත්තචීවරධාරණේ** සඟල සිවුරු, පාසිවුරු ආදිය දරද්දි කල්පනාවෙන් වාසය කරනවා. ඒ කියන්නේ ප්‍රත්‍යවේක්ෂා කරමින් පරිහරණය කරනවා.

අසිතේ පීතේ ඛායිතේ සායිතේ ආහාර පාන ආදිය අනුභව කරද්දි බොහොම සිහියෙන් යුක්තව ඒ කටයුතු කරනවා ප්‍රත්‍යවේක්ෂා කරමින්. **උච්චාරපස්සාවකම්මේ** වැසිකිළි කැසිකිළි කරද්දිත් කල්පනාකාරීව වාසය කරනවා. ඊළඟට යන කල්හි, හිටගෙන ඉන්න කල්හි, වාඩිවී සිටින කල්හි, සැතපෙන කල්හි, නිදිවරන කල්හි, කතාබස් කරන කල්හි, නිශ්ශබ්දව සිටින කල්හි මනාකොට කල්පනාකාරීව ඉන්නවා. මේ කියන විදිහට පුරුදු කරපු අය ලෝකේ ඉඳලා නැද්ද? එක්කෙනෙක් ද..? දෙන්නෙක් ද..? දාහක් ද..? දහ දාහක් ද..? ලක්ෂ ගාණක් මේක පුරුදු කළානේ.

හුදෙකලා වාසයට යනවා....

ඊටපස්සේ බුදුරජාණන් වහන්සේ දේශනා කරනවා "ඔහු මෙබඳු ආර්ය වූ සීලස්කන්ධයෙන් යුක්තව, ආර්ය වූ ඉන්ද්‍රිය සංවරයෙන් යුක්තව, සතිසම්පජඤ්ඤයෙන් යුක්තව වාසය කරද්දී ඔන්න හුදෙකලා වෙන්න සුදුසුකම් ලබනවා. ඊටපස්සේ ආචාර්ය උපාධ්‍යායන් වහන්සේලාගෙන් අවසර අරන් වනාන්තරේකට, රුක්සෙවනකට, පර්වතේකට, ගිරිගුහාවකට, බෑවුමකට, සුසානයකට, එළිමහනකට, පිදුරු කුටියකට.... මේ කොහේහරි හුදෙකලා වාසයට යනවා. ගිහිල්ලා දානෙන් පස්සේ පිණ්ඩපාතෙන් වැළකිලා (දැන් පස්සෙන් පන්නන්ට අකුසල් නෑනේ. දැන් තියෙන්නේ තියෙන ටික දුරු කරන්ටයි) පළඟක් බැඳගෙන, කය ඍජු කරගෙන, සිහිය පෙරටුකොටගෙන වාසය කරනවා.

පංච නීවරණ දුරුකරයි....

සෝ අභිජ්ඣං ලෝකේ පහාය විගතාභිජ්ඣේන චේතසා විහරති. එයා ජීවිතය නම් වූ ලෝකය ගැන තියෙන ඇල්ම දුරු කරනවා. ආශාවෙන් තොර වූ සිතින් වාසය කරනවා. **අභිජ්ඣාය චිත්තං පරිසෝධේති.** ආශාව බැහැර කරමින් සිත පිරිසිදු කරනවා. **බ්‍යාපාදපදෝසං පහාය** හිතේ ඇතිවන ගැටීම දුරුකරලා **අබ්‍යාපන්නචිත්තෝ විහරති** ගැටීම් රහිත සිතින් වාසය කරනවා. **සබ්බපාණභූතහිතානුකම්පී** සියලූම ප්‍රාණීන් කෙරෙහි හිතානුකම්පීව වාසය කරනවා.

ඊළඟට ථීනමිද්ධය දුරු කරලා **විගතථීනමිද්ධෝ** ථීනමිද්ධයෙන් තොරව ඉන්නවා. **ආලෝකසඤ්ඤී**

එළියක් කියන සංඥාවෙන් යුතුව වාසය කරනවා. ඊළඟට හිතේ විසිරුණු බවත් පසුතැවිල්ලත් **(උද්ධච්ච කුක්කුච්ච)** බැහැරකොට, හිත සංසිඳවාගෙන වාසය කරනවා. සැකය දුරු කරලා, මාර්ගය ප්‍රතිපදාව ගැන සැක රහිතව වාසය කරනවා. ඒ භික්ෂුව ඔය විදිහට ප්‍රඥාව දුර්වල කරන, සිත කිළිටි කරන මේ පංච නීවරණ අත්හරිනවා. දැන් ඔන්න හිත පළල් වෙනවා. කලින් එයා පටු සිතක් ඇතුව වාසය කරපු කෙනෙක්. ඒ පටු හිත පළල් කරගන්න එයාට අවස්ථාව උදාවුනේ කවුරු නිසාද? බුදුරජාණන් වහන්සේ පහළ වෙලා ධර්මය වදාළ නිසා.

දැහැන් සුව....

ඊටපස්සේ එයා ප්‍රඥාව දුර්වල කරන, හිතට උපක්ලේශ වූ පංචනීවරණයන් බැහැර කරලා, කාමයන්ගෙන් වෙන්ව, අකුසල ධර්මයන්ගෙන් වෙන්ව, විතක්ක විචාර සහිත, විවේකයෙන් හටගත් ප්‍රීති සුඛය ඇති, පළවෙනි ධ්‍යානය උපදවාගෙන වාසය කරනවා. ඊළඟට විතක්ක විචාර සංසිඳුවාගෙන, ආධ්‍යාත්මයෙහි ප්‍රසාදය ඇති, සිතේ එකඟ බව ඇති, විතක්ක විචාර රහිත, සමාධියෙන් හටගත් ප්‍රීති සුඛය ඇති දෙවන ධ්‍යානය උපදවාගෙන වාසය කරනවා.

ප්‍රීතියට ද නොඇලීමෙන්, උපේක්ෂාවෙන් වාසය කරනවා. සිහියෙන් හා නුවණින් යුතුව කයින් සැපයකුත් විඳිනවා. උපේක්ෂාවෙන් හා සිහියෙන් යුතු සැපසේ වාසය කිරීම කියලා ආර්යයන් වහන්සේලා යම් ධ්‍යානයකට කියනවද, අන්න ඒ තුන්වෙනි ධ්‍යානයත් උපදවාගෙන වාසය කරනවා. ඒ වගේම **සුඛස්ස ච පහානා දුක්ඛස්ස ච පහානා** සැපයත් ප්‍රහාණය කොට, දුකත් ප්‍රහාණය

කොට, කලින් ම සොම්නස් දොම්නස් දෙක නැති කරලා, දුක්සැප රහිත වූ, පාරිශුද්ධ උපේක්ෂාවත් සිහියත් ඇති සතරවෙනි ධ්‍යානය උපදවාගෙන වාසය කරනවා.

උඩුගං බලා....

ඔන්න බලන්න ඊටපස්සේ වෙන දේ. ගිහි ජීවිතය ගත කරන කාලේ වුනේ මොකක්ද? **චක්ඛුනා රූපං දිස්වා පියරූපේ රූපේ සාරජ්ජති. අප්පියරූපේ රූපේ බ්‍යාපජ්ජති.** මේකේ තියෙනවා, මේ විදිහට සිත දියුණු කරපු භික්ෂුව **සෝ චක්ඛුනා රූපං දිස්වා පියරූපේ රූපේ න සාරජ්ජති.** ඔහු ඇසින් රූපයක් දැක ප්‍රිය ස්වභාවයෙන් යුතු රූපයට නොඇලෙයි. **අප්පියරූපේ රූපේ න බ්‍යාපජ්ජති.** අප්‍රිය ස්වභාවයෙන් යුතු රූපයට නොගැටෙයි. **උපට්ඨිතකාය සති ච විහරති** පිහිටුවාගත් කායානුපස්සනාවෙන් **අප්පමාණචේතසෝ** අප්‍රමාණ රහිත වූ සිතින් වාසය කරයි.

කලින් තිබුනේ **පරිත්තචේතසෝ** පටු සිතක්. ප්‍රමාණ සහිත සිතක්. ඒ වගේම කලින් එයා දන්නේ නෑ අකුසල් ඉතුරු නැතුව නිරුද්ධ වෙන චේතෝ විමුක්තියත් ප්‍රඥා විමුක්තියත් ගැන. **තඤ්ච චේතෝවිමුත්තිං පඤ්ඤාවිමුත්තිං යථාභූතං පජානාති.** ඒත් දැන් චේතෝ විමුක්තියත් ප්‍රඥා විමුක්තියත් ඒ ආකාරයෙන්ම දන්නවා. **යත්ථස්ස තේ පාපකා අකුසලා ධම්මා අපරිසේසා නිරුජ්ඣන්ති.** ඒ පාපී අකුසල ධර්මයන් ඉතුරු නැතිව නිරුද්ධ වෙන්නේ මේ සමථය විදර්ශනාව තුළ කියලා දන්නවා දැන්.

ඇලීම් ගැටීම් දුරුකොට....

සෝ ඒවං අනුරෝධවිරෝධවිප්පහීනෝ මේ විදිහට ඒ භික්ෂුව ඇලීමෙන්, ගැටීමෙන් දුරු වෙලා ඉන්න කොට **යං කිඤ්චි වේදනං වේදේති** යම්කිසි විඳීමක් විඳී ද, **සුඛං වා** සැපක් හෝ **දුක්ඛං වා** දුකක් හෝ **අදුක්ඛමසුඛං වා** දුක් සැප රහිත වේදනාවක් හෝ **සෝ තං වේදනං නාභිනන්දති** ඒ වේදනාව සතුටින් පිළිගන්නෙ නෑ. (බලන්න බුදුරජාණන් වහන්සේගේ ධර්මය පුරුදු කිරීමෙන් වෙන පරිවර්තනය) **නාභිවදති** ගුණ කියන්නේ නෑ. නොපිළිගන්න දෙයක් ගැන කියවන්න දෙයක් නැනේ. **නාජ්ඣෝසාය තිට්ඨති** ඒකේ බැසගන්නෙත් නෑ.

තස්ස තං වේදනං අනභිනන්දතෝ අනභිවදතෝ අනජ්ඣෝසාය තිට්ඨතෝ ඒ විඳීම සතුටින් නොපිළිගන්න කොට, අගය නොකරන කොට, ඒකෙ නොබැසගන්න කොට, **යා වේදනාසු නන්දි** විඳීම් කෙරෙහි ආශ්වාදයෙන් ඇලෙන ස්වභාවයක් එයාට තිබුනද, **සා නිරුජ්ඣති** ඒක නිරුද්ධ වෙලා යනවා. **තස්ස නන්දි නිරෝධා උපාදාන නිරෝධෝ** එයාට ආශ්වාදයෙන් ඇලීම නිරුද්ධ වීම නිසා උපාදාන නිරුද්ධ වෙලා යනවා. උපාදාන නිරුද්ධ වීමෙන් භවය නිරුද්ධ වෙනවා. භවය නිරුද්ධ වීමෙන් ඉපදීම නිරුද්ධ වෙනවා. ඉපදීම නිරුද්ධ වීමෙන් ජරාමරණ, සෝක වැලපීම්, දුක් දොම්නස්, සුසුම් හෙළීම් සියල්ල ම නිරුද්ධ වෙලා යනවා. ආන්න ඒ විදිහටයි මේ මුළු මහත් දුක් කන්දරාවෙන් ම එයා නිදහස් වෙන්නේ.

කායානුපස්සනාවෙන් යුතුව....

ඊළඟට **සෝතේන සද්දං සුත්වා** කනෙන් ශබ්දයක්

අහලා **පියරූපේ සද්දේ න සාරජ්ජති** ප්‍රිය ස්වභාවයෙන් යුතු ශබ්දයට ඇලෙන්නේ නෑ. **අප්පියරූපේ සද්දේ න බ්‍යාපජ්ඣති** අප්‍රිය ස්වභාවයෙන් යුතු ශබ්දයට ගැටෙන්නේ නෑ. **උපට්ඨිතකායසති ච විහරති අප්පමාණචේතසෝ** කායගතාසතියේ සිහිය පිහිටුවාගෙන, ප්‍රමාණ රහිත වූ සිතින් වාසය කරනවා. යම් තැනක පාපී අකුසල් ධර්මයන් ඉතුරු නැතුව නිරුද්ධ වෙනවද, ඒ චේතෝ විමුක්තියත් ප්‍රඥා විමුක්තියත් ඒ ආකාරයෙන් ම දන්නවා.

මේ විදිහට ඇලීම් ගැටීම් දුරුකොට වාසය කරද්දි, යම්කිසි විඳීමක් විඳිනවා නම්, සැපක් හෝ වේවා, දුකක් හෝ වේවා, මධ්‍යස්ථ විඳීමක් හෝ වේවා, ඔහු ඒ විඳීම සතුටින් පිළිගන්නෙ නෑ. අගය කරන්නෙ නෑ. එහි බැසග න්නෙ නෑ. විඳීම සතුටින් නොපිළිගන්න කොට, අගය නොකරන කොට, ඒකෙ නොබැසගන්න කොට, විඳීම් කෙරෙහි යම් ආශාවක් තිබුණා නම්, ඒක නිරුද්ධ වෙලා යනවා. ආශාව නිරුද්ධ වීමෙන්, උපාදාන නිරුද්ධ වෙනවා. උපාදාන නිරුද්ධ වීමෙන් භවය නිරුද්ධ වෙනවා. භවය නිරුද්ධ වීමෙන් ඉපදීම නිරුද්ධ වෙනවා. ඉපදීම නිරුද්ධ වීමෙන් ජරා, මරණ, ශෝක, වැළපීම්, දුක්, දොම්නස්, සුසුම් හෙළීම් නිරුද්ධ වෙනවා. ඔය ආකාරයෙන් මුළු මහත් දුක් රැසම නිරුද්ධ වෙලා යනවා.

අප්‍රමාණ සිතින් වාසය කරයි....

ඊළඟට තියෙනවා නාසයෙන් ගඳ සුවඳ ආඝ්‍රාණය කොට ප්‍රිය වූ ගන්ධය කෙරෙහි ඇලෙන්නේ නෑ. අප්‍රිය ගන්ධයට ගැටෙන්නෙත් නෑ. කායානුපස්සනාවේ සිහිය පිහිටුවාගෙන අප්‍රමාණ සිතින් වාසය කරනවා. යම් තැනක පාපී අකුසල ධර්මයන් ඉතුරු නැතුව නිරුද්ධ වෙනවද, ඒ

චේතෝ විමුක්තියත් ප්‍රඥා විමුක්තියත් හොඳට දැනගෙන වාසය කරනවා. ඒ නිසා මොකද වෙන්නේ, ඇලීම් ගැටීම් දුරුව වාසය කරන නිසා මෙයාට සැප විඳීමක් ආවත් දුක් විඳීමක් ආවත් දුක්සැප රහිත විඳීමක් ආවත් ඒක පිළිගන්නේ නෑ. අගය කරන්නෙත් නෑ. ඒකේ බැසගන්නෙත් නෑ.

කලින් වුනේ මොකක්ද? සැප දුක් උපේක්ෂා විඳීම් ඇතිවෙනකොට ඒක පිළිගත්තා. සාමාන්‍ය මනුස්සයෙකුගේ තියෙන ස්වභාවය තමයි කලින් තිබුනේ. දැන් මේ තියෙන්නේ භාග්‍යවතුන් වහන්සේ වදාළ ධර්මයට අනුව හික්මෙනකොට ලැබෙන ප්‍රතිඵලය. එතකොට මොකද වෙන්නේ, ඒ විදිහට පිළිගන්නෙ නැතිවුනාට පස්සේ යම් නන්දියක් තිබුනා නම්, ආශ්වාදයෙන් ඇලෙන ගතියක් තිබුනා නම් ඒක දුරු වෙලා යනවා. ඒක ප්‍රහාණය වෙලා යනවා. ඇල්ම නිරුද්ධ වුනාම උපාදාන නිරුද්ධ වෙනවා. උපාදාන නිරුද්ධ වුනාම භවය නිරුද්ධ වෙනවා. භවය නිරුද්ධ වුනාම ඉපදීම නිරුද්ධ වෙනවා. ඉපදීම නිරුද්ධ වුනාම ජරා මරණ, සෝක වැළපීම්, දුක් දොම්නස්, සුසුම් හෙළීම් සියල්ල ම නිරුද්ධ වෙලා යනවා.

අකුසල් නිරුද්ධ වෙන තැන....

ඊළඟට බුදුරජාණන් වහන්සේ දේශනා කරනවා **ජිව්හාය රසං සායිත්වා** දිවෙන් රසය දැනගෙන ප්‍රියමනාප රසයට ඇලෙන්නෙත් නෑ. අප්‍රිය අමනාප රසයට ගැටෙන්නෙත් නෑ. කායානුපස්සනාවේ සිහිය මනාකොට පිහිටුවා, අප්‍රමාණ සිතින් වාසය කරනවා. ඊළඟට මෙයා චේතෝ විමුක්තියත් ප්‍රඥා විමුක්තියත් තුළ අකුසල් ඉතුරු නැතුව දුරු වෙනවා කියලා දන්නවා. ඔය විදිහට ඇලීම් ගැටීම් වලින් දුරුවෙලා වාසය කරද්දී දිවට

රසයක් දැනිලා යම් සැප විඳීමක් හට ගන්නවාද, දුක්
විඳීමක් හට ගන්නවාද, මධ්‍යස්ථ විඳීමක් හට ගන්නවාද
ඒක පිළිගන්නේ නෑ.

පිළිගන්නේ නැති නිසා ඒ ගැන අමුතුවෙන් එයාට
කියවා කියවා ඉන්න දෙයක් නෑ. හිත බැස ගන්නවනෙ
කියව කියව ඉන්නකොට. කියවා කියවා ඉන්න දෙයක්
නැති නිසා හිත බැසගන්නේ නෑ. එතකොට මොකද
වෙන්නේ, මේ විඳීම් කෙරෙහි යම් ඇල්මක් තිබුනාද ඒක
නිරුද්ධ වෙලා යනවා. නන්දිය නිරුද්ධ වුනාම උපාදාන
නිරුද්ධ වෙනවා. උපාදාන නිරුද්ධ වුනාම භවය නිරුද්ධ
වෙනවා. භවය නිරුද්ධ වුනාම ඉපදීම නිරුද්ධ වෙනවා.
ඉපදීම නිරුද්ධ වුනාම ජරා මරණ, සෝක වැලපීම්, දුක්
දොම්නස්, සුසුම් හෙළීම් සියල්ල ම නිරුද්ධ වෙලා යනවා.

පටිච්චසමුප්පාදයේ නිරුද්ධ වීම....

දැන් බලන්න පින්වත්නි, මේකේ තියෙන්නේ
නිකම්ම නිකම් පටිච්චසමුප්පාද නිරෝධයක් නෙවෙයි.
ආයතන එකක් එකක් ගානේ පටිච්ච සමුප්පාදය නිරුද්ධ
වෙනවා. ඇහෙන් හැදෙනවා නම් යම් පටිච්චසමුප්පාදයක්
ඒක නිරුද්ධ වෙනවා. කනෙන් හැදෙනවා නම් යම්
පටිච්චසමුප්පාදයක් ඒක නිරුද්ධ වෙනවා. නාසයෙන්
හැදෙනවා නම් යම් පටිච්චසමුප්පාදයක් ඒක නිරුද්ධ
වෙනවා. දිවෙන් හැදෙනවා නම් යම් පටිච්චසමුප්පාදයක්
ඒකත් නිරුද්ධ වෙනවා. කයෙන් හැදෙනවා නම් යම්
පටිච්චසමුප්පාදයක් ඒකත් නිරුද්ධ වෙනවා. මනසින්
හැදෙනවා නම් යම් පටිච්චසමුප්පාදයක් ඒකත් නිරුද්ධ
වෙනවා.

ඊළඟට දේශනා කරනවා **කායේන ඵොට්ඨබ්බං ඵුසිත්වා** කයෙන් ස්පර්ශයක් ලබා **පියරූපේ ඵොට්ඨබ්බේ න සාරජ්ජති** ප්‍රියමනාප වූ පහස කෙරෙහි ඇලෙන්නේ නෑ. **අප්පියරූපේ ඵොට්ඨබ්බේ න බ්‍යාපජ්ජති.** අප්‍රිය වූ පහස කෙරෙහි ගැටෙන්නේ නෑ. කායානුපස්සනාවේ සිහිය පිහිටුවාගෙන අප්‍රමාණ සිතින් යුක්තව ඉන්නවා. අකුසල් ඉතුරු නැතුව නිරුද්ධ වන චිත්ත විමුක්තියත් ප්‍රඥා විමුක්තියත් මනාකොට දන්නවා. ඊළඟට මේ ඇලීම් ගැටීම් වලින් තොරව වාසය කරන නිසා කයේ ස්පර්ශයෙන් සැප විඳීමක් හෝ දුක් විඳීමක් හෝ දුක් සැප රහිත විඳීමක් හෝ ඇතිවෙනවාද, ඒක මෙයා පිළිගන්නේ නෑ. පිළිගන්නේ නැති නිසා ඒකේ ගුණ කියන්න යන්නේ නෑ. ඒ නිසා ඒකේ බැස ගන්නේ නෑ.

බුදුරජුන්ගේ විස්මිත ප්‍රඥාව....

එතකොට මොකද වෙන්නේ? විඳීම් කෙරෙහි යම් ආශ්වාදයෙන් ඇලීමක් තිබුනද, ඒක නිරුද්ධ වෙලා යනවා. ආශ්වාදයෙන් ඇලීම නිරුද්ධ වුනාම උපාදාන නිරුද්ධ වෙනවා. උපාදාන නිරුද්ධ වුනාම විපාක පිණිස කර්ම සකස්වීම නිරුද්ධ වෙනවා. විපාක පිණිස කර්ම සකස්වීම නිරුද්ධ වුනාම ඉපදීම නිරුද්ධ වෙනවා. ඉපදීම නිරුද්ධ වුනාම ජරාමරණ, සෝක වැලපීම්, කායික දුක්, මානසික දුක්, සුසුම් හෙළීම් සියල්ල ම නිරුද්ධ වෙනවා.

ඊළඟට **මනසා ධම්මං විඤ්ඤාය** මනසින් අරමුණක් දැනගෙන **පියරූපේ ධම්මේ න සාරජ්ජති** ප්‍රිය ස්වභාවයෙන් යුතු අරමුණට ඇලෙන්නේ නෑ. **අප්පියරූපේ ධම්මේ න බ්‍යාපජ්ජති.** අප්‍රිය ස්වභාවයෙන් යුතු අරමුණට ගැටෙන්නේ නෑ. කය පිළිබඳව සිහිය පිහිටුවාගෙන

ඉන්නවා. ප්‍රමාණ රහිත සිතින් ඉන්නවා. පාපී අකුසල් ඉතිරි නැතිව නැති වෙන්නෙ යම් තැනක ද, අන්න ඒ ප්‍රඥා විමුක්තියත්, චිත්ත විමුක්තියත් ගැන අවබෝධයෙන් ම දන්නවා. මේ විදිහට ඒ භික්ෂුව ඇලීමෙන්, ගැටීමෙන් දුරු වෙලා ඉන්න කොට, යම්කිසි විඳීමක් විඳිනවා නම්, සැපක් හෝ වේවා, දුකක් හෝ වේවා, මධ්‍යස්ථ විඳීමක් හෝ වේවා, ඔහු ඒ විඳීම සතුටින් පිළිගන්නෙ නෑ. අගය කරන්නෙ නෑ. එහි බැසගන්නෙ නෑ.

සමස්ත දුක්ඛස්කන්ධයේ ම නිමාව....

ඔහු ඒ විඳීම සතුටින් නොපිළිගන්න කොට, අගය නොකරන කොට, ඒකෙ නොබැසගන්න කොට, විඳීම් කෙරෙහි යම් ආශාවක් තිබුණා නම්, ඒක නිරුද්ධ වෙලා යනවා. ඔහුට ආශාව නිරුද්ධ වීමෙන්, උපාදාන නිරුද්ධ වෙනවා. උපාදාන නිරුද්ධ වීමෙන් භවය නිරුද්ධ වෙනවා. භවය නිරුද්ධ වීමෙන් ඉපදීම නිරුද්ධ වෙනවා. ඉපදීම නිරුද්ධ වීමෙන් ජරා, මරණ, ශෝක, වැළපීම්, දුක්, දොම්නස්, සුසුම් හෙළීම් නිරුද්ධ වෙනවා. ඔය ආකාරයෙන් මුළු මහත් දුක් රැස ම නිරුද්ධ වෙලා යනවා.

දැන් එතකොට බලන්න මේ පටිච්චසමුප්පාදය සකස්වීම ආයතන හයෙන් ම වෙනවා. පටිච්චසමුප්පාදය නිරුද්ධ වීමත් ආයතන හයෙන් ම වෙනවා. මේ දේශනාවේ අවසානයට බුදුරජාණන් වහන්සේ දේශනා කරනවා "**ඉමං ඛෝ මේ තුම්හේ භික්ඛවේ සංඛිත්තේන තණ්හාසංඛයවිමුත්තිං ධාරේථ.** මහණෙනි, දැන් මේ කියා දීපු ධර්මය, **තණ්හාව** ගෙවා දමලා විමුක්තියට පත්වීම ගැන සංක්ෂේපයෙන් කියා දීපු දෙසුමක් හැටියට මතක තබාගන්න. (එතකොට බලන්න මේක විස්තර වශයෙන්

කොහොම දේශනා කරන්න ඇත්ද ඒ කාලේ) මේ සාති භික්ෂුව විකාර මතයක් කියන්න ගිහිල්ලා මහා තෘෂ්ණා ජාලයක අස්සට ගියා" කියනවා. එයාට අවස්ථාවක් තියෙනවද මේකෙන් නිදහස් වෙන්න? නෑ.

චූළ තණ්හාසංඛය සූත්‍රය....

දැන් අපි මේ ඉගෙන ගත්තේ මහා තණ්හාසංඛය සූත්‍රය. මේ දේශනාවත් එක්කම තියෙනවා චූළ තණ්හාසංඛය සූත්‍රය. තණ්හාව ගෙවා ගැනීම ගැන වදාළ කුඩා දේශනාව. මේක බුදුරජාණන් වහන්සේ වදාළේ සක්දෙවිඳුට. මේ වෙද්දි සක්දෙවිඳු සෝවාන් ඵලයට පත්වෙච්ච කෙනෙක්. සැවැත්නුවර පූර්වාරාමයේ බුදුරජාණන් වහන්සේ වැඩසිටිද්දී ශක්‍ර දේවේන්ද්‍රයා ඇවිල්ලා බුදුරජාණන් වහන්සේට වන්දනා කරලා එකත්පස්ව හිටගෙන මෙහෙම අහනවා.

"**කිත්තාවතා නු ඛෝ භන්තේ භික්ඛු සංඛිත්තේන තණ්හාසංඛයවිමුත්තෝ හෝති** ස්වාමීනී, භික්ෂුවක් කොපමණ කරුණු මත තණ්හාව ක්ෂයකොට විමුක්තියට පත්ව සිටීද? (මේ අහන්නේ රහතන් වහන්සේ ගැන) **අච්චන්තනිට්ඨෝ** ස්ථිර වශයෙන් ම දුක් නිමා කළ, **අච්චන්තයෝගක්ඛේමී** ස්ථිර වශයෙන් ම නිවනට පත් වූ, **අච්චන්තබ්‍රහ්මචාරී** ස්ථිර වශයෙන් ම බ්‍රහ්මචාරී වූ, **අච්චන්තපරියෝසානෝ** ස්ථිර වශයෙන් ම නිවන් මග සම්පූර්ණ කළ, **සෙට්ඨෝ දේවමනුස්සානං** දෙවි මිනිසුන්ට ශ්‍රේෂ්ඨ වූ කෙනෙක් වෙනවා කියල කෙටියෙන් කියනවා නම් කියන්නෙ කොහොම ද?"

තණ්හාවෙන් බැසගන්න සුදුසු නෑ....

එතකොට බුදුරජාණන් වහන්සේ වදාළා "දේවේන්ද්‍රය, භික්ෂුවට අහන්න ලැබෙනවා **සබ්බේ ධම්මා නාලං අභිනිවේසායාති** සියලු ධර්මයන් තෘෂ්ණාවෙන් බැසගන්න සුදුසු නෑ කියලා." සියලු ධර්මයන් කියන්නේ ඇස - කණ - නාසය - දිව - කය - මනස කියන ආයතනත්, රූප - වේදනා - සඤ්ඤා - සංස්කාර - විඤ්ඤාණ කියන ස්කන්ධත්, පඨවි - ආපෝ - තේජෝ - වායෝ - ආකාස - විඤ්ඤාණ කියන ධාතුත්. මේවා තණ්හාවෙන් අල්ලගෙන තියාගන්න සුදුසු දේවල් නෙවෙයි කියලා භික්ෂුවට අහන්න ලැබෙනවා.

"දේවේන්ද්‍රය, භික්ෂුව මේ සියලු ධර්මයන් බැසගෙන සිටින්ට සුදුසු දේවල් නෙවෙයි කියලා අහලා ඒ ධර්මයන් සමථ විදර්ශනා වශයෙන් නුවණින් මෙනෙහි කරනවා. **සෝ සබ්බං ධම්මං අභිජානාති** එතකොට ඒ ධර්මයන්ගේ ස්වභාවය අවබෝධ කරනවා. **සබ්බං ධම්මං අභිඤ්ඤාය** සියලු ධර්මයන්ගේ ස්වභාවය අවබෝධ කරලා **සබ්බං ධම්මං පරිජානාති** ඒ සියලු ධර්මයන් පිරිසිඳ දකිනවා." පිරිසිඳ දකිනවා කියන්නේ තෘෂ්ණාව ප්‍රහාණය වෙන ආකාරයට ඒකේ ඇත්ත ස්වභාවය දකිනවා.

පිරිසිඳ දැකීම....

අපි ආසා කරපු දේක තෘෂ්ණාව ප්‍රහාණය වෙන ආකාරයට එකේ ඇත්ත ස්වභාවය පෙනුනොත් මොකද වෙන්නේ? ඒ තෘෂ්ණාව, ඇල්ම දුරුවෙන්නේ නැද්ද? දුරුවෙනවා. අපි ආසා කරගෙන ඉන්න දේක ඇත්ත ස්වභාවය ඒ විදිහට පෙනීම නිසා අපේ තෘෂ්ණාව

දුරුවෙලා ගියොත් ඒ ගැන, අන්න ඒකට කියනවා පිරිසිඳ දකිනවා කියලා.

පිරිසිඳ දැක්කට පස්සේ "**යං කිඤ්චි වේදනං වේදේති** යම්කිසි විඳීමක් විඳිනවාද, **සුඛං වා දුක්ඛං වා අදුක්ඛමසුඛං වා** සැප හෝ දුක් හෝ අදුක්ඛමසුඛ හෝ **තාසු වේදනාසු අනිච්චානුපස්සී විහරති** ඒ විඳීම් අනිත්‍ය වී යන ආකාරය දකිමින් වාසය කරනවා. **විරාගානුපස්සී විහරති** ඒකේ ඇල්ම දුරු වෙන ආකාරය දකිමින් වාසය කරනවා." ඇල්ම දුරුවීම් දෙකක් තියෙනවා. එකක් තමයි ප්‍රඥාවෙන් දැකලා ඇල්ම දුරුවීම. දෙවෙනි එක තමයි ඒක අනිත්‍ය වෙච්ච නිසා ඇල්ම දුරු වීම. දැන් අපි කියමු අපි ආසා කරන වීදුරු භාජනයක් තියෙනවා. ඒක බිඳෙනවා. එතකොට ඒක අනිත්‍ය වීම නිසා ඇල්ම දුරු කරගන්න සිද්ධ වෙනවා. තව කෙනෙක් ඒක එහෙමම තියෙද්දි ඒකේ යථා ස්වභාවය ගැන අවබෝධ කරගෙන ඇල්ම දුරු කරනවා.

ඇල්ම දුරුවීම නුවණින් දකිමින්....

"**නිරෝධානුපස්සී විහරති** ඇල්ම නිරුද්ධ වීම දකිමින් වාසය කරනවා. **පටිනිස්සග්ගානුපස්සී විහරති** ඇල්ම දුරුවීම දකිමින් වාසය කරනවා. වේදනාවන් කෙරෙහි අනිත්‍ය වශයෙන් බලමින් වාසය කරද්දී, විරාගී වශයෙන් බලමින් වාසය කරද්දී, නිරෝධය වශයෙන් දකිමින් වාසය කරද්දී, ඇල්ම දුරුවීම දකිමින් වාසය කරද්දී **න ච කිඤ්චි ලෝකේ උපාදියති** එයා ලෝකයේ කිසිවකට ග්‍රහණය වෙන්නේ නෑ. **අනුපාදියං න පරිතස්සති.** කිසිවකට ග්‍රහණය වෙන්නේ නැති නිසා එයා තුළ තැති ගැනීමක්, භයක්, කම්පනයක් හටගන්නේ නෑ.

අපරිතස්සං පච්චත්තං යේව පරිනිබ්බායති කිසිවක් කෙරෙහි කම්පනයක් හටගන්නේ නැති නිසා තමා තුළ ම නිවිලා යනවා. තමන්ට ම අවබෝධ වෙනවා **ඛීණා ජාති** ඉපදීම ක්ෂය වුනා. **වුසිතං බ්‍රහ්මචරියං** බඹසර වාසය සම්පූර්ණ කළා. **කතං කරණීයං** නිවන පිණිස කළයුතු දේ කළා. **නාපරං ඉත්ථත්තායාති** ආයේ නිවන් අවබෝධය පිණිස කරන්න විශේෂ දෙයක් නෑ කියලා." දැන් මේ සක් දෙවිඳු කෙටි පිළිතුරක් නේ ඉල්ලුවේ.

දෙව් මිනිසුන් අතර ශ්‍රේෂ්ඨයා....

බුදුරජාණන් වහන්සේ වදාරනවා "දේවේන්ද්‍රය, තණ්හාව ගෙමා දමලා විමුක්තියට පත්වෙච්ච භික්ෂුව ගැන කෙටියෙන් කියනවා නම් ඔච්චරයි. ඔපමණකින් තණ්හාව ගෙවාදමලා නිදහස් වුනා වෙනවා. ඔපමණකින් ම අත්‍යන්ත නිෂ්ඨාවට පත්වුනා වෙනවා. ඔපමණකින් ම අත්‍යන්ත යෝගයන්ගෙන් නික්ම ගියා වෙනවා. ඔපමණකින් ම අත්‍යන්ත බ්‍රහ්මචාරී වෙනවා. ඔපමණකින් ම අත්‍යන්ත කෙළවර දක්වා ගියා වෙනවා. ඔපමණකින් ම දෙවිමිනිසුන් අතර ශ්‍රේෂ්ඨයි." කියනවා.

එතකොට සක් දෙවිඳු බුදුරජාණන් වහන්සේ වදාළ භාෂිතය අනුමෝදන් වුනා. "**ඒවමේතං භගවා ඒවමේතං සුගත** එසේය භාග්‍යවතුන් වහන්ස, එසේය සුගතයන් වහන්ස" කියලා අනුමෝදන් වුනා. ඊටපස්සේ භාග්‍යවතුන් වහන්සේට වන්දනා කළා. පැදකුණු කළා. එතන ම නොපෙනී ගියා. බුදුරජාණන් වහන්සේ මේ කෙටි දේශනාව වදාරද්දි ඒ කිට්ටුව මහා මොග්ගල්ලානයන් වහන්සේත් වාඩිවෙලා හිටියා. නමුත් උන්වහන්සේට බුදුරජාණන් වහන්සේ දේශනා කරපු එක ඇහුනේ නෑ.

අසිරිමත් කරුණක්....

ඇහුනේ නැත්තේ මේකයි. බුදුරජාණන් වහන්සේ ධර්මය දේශනා කරද්දී එතන සිය දෙනෙක් ඉන්නවා නම් ඒ සිය දෙනාට විතරයි ඇහෙන්නේ. එතනින් එහාට එක්කෙනෙක් හිටියත් එයාට ඇහෙන්නේ නෑ. ඊළඟට බුදුරජාණන් වහන්සේ මෙතන වැඩ ඉඳලා එක්කෙනෙක් එක්ක කතා කරනවා. ඊට එහා පැත්තේ කුටියේ වැඩ ඉන්නවා ඉන්නවා කියමු සාරිපුත්තයන් වහන්සේ. උන්වහන්සේට ඇහෙන්නේ නෑ. ඇයි හේතුව? බුදුරජාණන් වහන්සේගේ දහම් කරුණ නිරපරාදේ ඉවත නොයාවා කියන ධර්මතාවය. ප්‍රයෝජන වෙන එක්කෙනාට ඇහෙනවා.

ඒ වගේ බුදුරජාණන් වහන්සේ සක් දෙවිඳුට දේශනා කරපු කාරණය මොග්ගල්ලානයන් වහන්සේට ඇහුනේ නෑ. උන්වහන්සේ ඒ කිට්ටුවෙන් වාඩිවෙලා හිටියේ. හැබැයි උන්වහන්සේට ඇහුනා සක්දෙවිඳු කියපු එක. මොකද්ද ඒ? 'භාග්‍යවතුන් වහන්ස, එය එසේ ම යි. සුගතයන් වහන්ස, එය එසේ ම යි' කියන කාරණය ඇහුනා. භාග්‍යවතුන් වහන්සේ ඒ කරුණ ගැන සක් දෙවිඳුට කෙටියෙන් වදාළා වුනාට ඒක අතිශයින් ම ගැඹුරු නැද්ද? අතිශයින් ම ගැඹුරු කාරණයක්. සක්දෙවිඳුත් තෙරුණා වගේ කිව්වා 'එසේය සුගතයන් වහන්ස, එසේය භාග්‍යතුන් වහන්ස' කියලා.

උයන් කෙළියට යන අතරේ....

එතකොට මුගලන් මහරහතන් වහන්සේ කල්පනා කළා "සක්දෙවිඳු භාග්‍යවතුන් වහන්සේ වදාළ ධර්මය

අනුමෝදන් වුනේ ඒ කාරණය අවබෝධ කරගෙන ම ද? නැත්නම් අවබෝධ නොකරගෙන ද? මේක මං සක් දෙවිඳුගෙන් ම දැනගන්ට ඕනෙ" කියලා. මේ සිද්ධිය ගැන අටුවාවේ සඳහන් වෙන්නේ උද්‍යාන ක්‍රීඩාවට යන්න ලෑස්ති වෙලා ඉන්දෙද්දි තමයි සක්දෙවිඳුට මේ කාරණය මතක්වුනේ. භික්ෂුවක් තණ්හාව ගෙවාදමලා විමුක්තියට පත්වෙන්නේ කොහොමද දන්නෙ නෑ කියලා. එතකොට අනිත් දිව්‍ය පිරිසට පොඩ්ඩක් ඉන්න කියලා, ඒ පිරිස නවත්වලා තමයි සක්දෙවිඳු මෙතනට ඇවිල්ලා ප්‍රශ්නේ අහලා ආපහු උද්‍යාන ක්‍රීඩාවට පිටත් වුනේ.

ඉතින් මහා මොග්ගල්ලානයන් වහන්සේට කැමැත්තක් ඇතිවුනා සක්දෙවිඳුට බුදුරජාණන් වහන්සේ දේශනා කළේ මොකක්ද කියලා දැන ගන්න. උන්වහන්සේ පූර්වාරාමයෙන් නොපෙනී ගිහින් තව්තිසා දිව්‍යලෝකේ පහළ වුනා. ඒ වෙලාවේ සක්දෙවිඳු ඒකපුණ්ඩරීක කියන උද්‍යානයේ දිව්‍ය වූ පංච තූර්ය වාදනයන්ගෙන් යුක්තව, නැටුම් ගැයුම් වැයුම් වලින් යුක්තව, නළඟනන්ගේ පුදු පූජාවල් මැද්දේ වාසය කරනවා. සක් දෙවිඳු එකපාරට ම දැක්කා මුගලන් මහරහතන් වහන්සේ ඈතින් වඩිනවා.

නිදුකාණෙනි, ස්වාගතයෙකි....

දැකලා දිව්‍ය පිරිසට කිව්වා "ඔය නැටුම් ගැයුම් වාදන නවත්තපල්ලා.ආන්න අපේ මොග්ගල්ලානයන් වහන්සේ වඩිනවා" කියලා. ගරු සරු ඇති කෙනෙක් තමන්ට පේන්න එනකොට අපි සද්ද බද්ද නවත්වන්නේ නැද්ද 'හා හා... සද්ද කරන්න එපා... ආන්න අසවල් කෙනා එනවා...' කියලා? එහෙම කරනවා. ඊටපස්සේ

සක්දෙවිඳු මොග්ගල්ලානයන් වහන්සේ ඉදිරියට ගිහිල්ලා බොහොම ගරුසරු ඇතිව කියනවා "**ඒහි බෝ මාරිස මොග්ගල්ලාන** මොග්ගල්ලාන නිදුකාණන් වහන්ස, වඩිනු මැනව. **ස්වාගතං මාරිස මොග්ගල්ලාන** මොග්ගල්ලාන නිදුකාණනි, ඔබවහන්සේට ස්වාගතයක් වේවා! ඔබවහන්සේ බොහෝ කාලෙකට පස්සේ නොවැ මෙහේ වැඩියේ. ස්වාමීනි මෙතනින් වැඩඉන්න" කියලා මොග්ගල්ලාන මහරහතන් වහන්සේට වැඩඉන්න ආසනයක් පනවලා දුන්නා.

මොග්ගල්ලාන මහ රහතන් වහන්සේ ඒ ආසනයේ වාඩිවුනා. සක්දෙවිඳුත් පොඩි ආසනයක් අරගෙන ඒ ළඟින් ම වාඩිවුනා. ඊටපස්සේ මුගලන් මහරහතන් වහන්සේ සක්දෙවිඳුගෙන් අහනවා "කෝසිය... (සක්දෙවිඳුට අමතන්නේ කෝසිය කියලා) භාග්‍යවතුන් වහන්සේ තෘෂ්ණාව ක්ෂය වීමෙන් නිදහස් වූ භික්ෂුව ගැන ඉතාම කෙටියෙන් ඔබට දහමක් වදාළා නේද? ඒ කෙටියෙන් වදාළ දේශනාව මාත් අහන්න ආසයි" කියනවා.

ශාස්තෘ ගෞරවය....

දැන් බලන්න මොග්ගල්ලාන මහරහතන් වහන්සේට තිබුනනේ බුදුරජාණන් වහන්සේගෙන් කෙලින් ම අහන්න 'භාග්‍යවතුන් වහන්ස, සක්දෙවිඳුට මොකක්ද මේ වෙලාවේ භාග්‍යවතුන් වහන්සේ වදාළේ..?' කියලා. අන්න බලන්න ශාස්තෘ ගෞරවය. සක්දෙවිඳුගෙනුයි ගිහිල්ලා අහන්නේ මොකක්ද ඒ භාග්‍යවතුන් වහන්සේ වදාළේ කියලා. එහෙම ඇහුවාම සක්දෙවිඳු උත්තර දෙනවා මෙහෙම. "**මයං බෝ මාරිස මොග්ගල්ලාන බහුකිච්චා** මොග්ගල්ලාන නිදුකාණන් වහන්ස, අනේ

අපට හරියට වැඩ නොවැ. **බහුකරණීයා** අපට බොහෝ කාරණා නොවැ.

අප්පේව සකේන කරණීයේන ඒ නිසා තමන්ගේ කටයුතු කරගන්න තියෙන්නේ ටික වෙලාවයි. මේ තව්තිසා දිව්‍ය ලෝකේ දෙවිවරුන්ගේ වැඩ තමයි වැඩිපුර තියෙන්නේ. ඒ නිසා මොග්ගල්ලානයන් වහන්ස, හොඳට මෙනෙහි කරගෙන අහගෙන හිටියත්, හොඳට මතක තියාගෙන හිටියත් **ඛිප්පමේව අන්තරධායති** මොහොතකින් මතක නැති වෙනවා" කියනවා. අපට වගේ තමයි එහෙනම්. අපට මේ වැඩ නැතිව...

වෛජයන්ත ප්‍රාසාදයේ අසිරිය....

"**භූතපුබ්බං මාරිස මොග්ගල්ලාන** මොග්ගල්ලානයන් වහන්ස, කලින් වෙච්ච දෙයක් කියන්නම්. **දේවාසුරසංගාමෝ සමූපබ්බුළ්හෝ අහෝසි** දෙවියන් හා අසුරයන් අතර යුද්ධයක් හට ගත්තා. ඒ යුද්ධයෙන් දෙවිවරු දින්නා. අසුරයෝ පැරදුනා. ස්වාමීනි මොග්ගල්ලානයන් වහන්ස, ඒ යුද්ධය දින්නට පස්සේ මම වෛජයන්ත කියලා ප්‍රාසාදයක් මැව්වා. (වෛජයන්ත කියන එකේ තේරුම දින්නා කියන එක) ස්වාමීනී, ඒ ප්‍රාසාදය තට්ටු සීයක් උසයි. හැම තට්ටුවේ ම කූටාගාර හත්සීය ගානෙ තියෙනවා. ඒ එක එක කූටාග ාරයට දිව්‍ය අප්සරාවන් හත් දෙනා ගානෙ ඉන්නවා. ඒ දිව්‍ය අප්සරාවන්ට උපස්ථාන කරන දිව්‍ය සේවිකාවන්, එක අප්සරාවකට හත් දෙනා ගානෙ ඉන්නවා. ස්වාමීනී මොග්ගල්ලානයන් වහන්ස, අපේ ඒ ලස්සන වෛජයන්ත ප්‍රාසාදය බලන්ට යමු ද?"

ඇහුවේ අඹ ගැන, කිව්වේ දෙල් ගැන....

දැන් මොග්ගල්ලානයන් වහන්සේ ඇහුවේ මොකක්ද සක්දෙවිඳුගෙන්? 'භික්ෂුවක් තණ්හාව ක්ෂය වෙලා විමුක්තියට පත්වෙන ආකාරය ගැන කෙටි දේශනාවක් භාග්‍යවතුන් වහන්සේ ඔබට වදාළා. මොකක්ද ඒ දේශනාව කියලා මාත් දැනගන්න ආසයි. මං මේ ඒකට ආවේ' කිව්වා. දැන් ඇහෙන්නේ මොකක්ද මේ? වෛජයන්ත ප්‍රාසාදයේ විස්තරේ. ඒකට කියන්නේ **අම්බං පුට්ඨෝ ලබුජං බ්‍යාකරෙය්‍ය** අඹ ගැන ඇහුවම දෙල් ගැන කියනවා කියලා. මේකත් ඒ වගේ එකක්.

ඉතින් මහා මොග්ගල්ලානයන් වහන්සේත් නිහඬව වැඩසිටිමින් ඒ ආරාධනාව පිළිගත්තා. ඊටපස්සේ සක්දෙවිඳුයි වෛශ්‍රවණ දිව්‍ය රාජයයි එකතු වෙලා මොග්ගල්ලානයන් වහන්සේ පෙරටුකොටගෙන දැන් ඔන්න වෛජයන්ත ප්‍රාසාදයට පැමිණුනා. එතකොට ඒ ප්‍රාසාදයේ හිටිය දිව්‍ය අප්සරාවියෝ මොග්ගල්ලානයන් වහන්සේ වඩිනවා දුර දී ම දැක්කා. **දිස්වාන ඔත්තප්පමානා හිරියමානා** දැකලා ලැජ්ජාවට පත්වුනා. භයට පත්වුනා. **සකසකං ඕවරකං පවිසිංසු** ඉක්මණට ගිහිල්ලා තම තමන්ගේ කාමරවල හැංගුනා.

මාමණ්ඩිය දුටු ලේලිය මෙන්....

සෙය්‍යථාපි නාම සුණිසා සසුරං දිස්වා ඔත්තප්පති හිරීයති. ඒක හරියට ලේලියක් මාමාව (ස්වාමියාගේ තාත්තා) දැකලා ලැජ්ජාවෙන් මුළුගැන්වෙනවා වගේ කියනවා. දැන් සක්දෙවිඳුයි වෛශ්‍රවණ දිව්‍ය රාජයයි වෛජයන්ත ප්‍රාසාදයට පැමිණිලා මේ වෛජයන්ත ප්‍රාසාදයේ එක එක

කොටස් මොග්ගල්ලානයන් වහන්සේට පෙන්න පෙන්න එක්කගෙන යනවා. "ආන්න බලන්න මොග්ගල්ලානයන් වහන්ස... අසවල් මාණික්‍යයෙන් තමයි ඒ ස්ථම්භ හදලා තියෙන්නේ... බලන්න ස්වාමීනි මේ පළිගු ප්‍රාකාරය... මේ බලන්න ස්වාමීනී, වෛජයන්ත ප්‍රාසාදයේ මේ පැත්තේ ලස්සන.... ස්වාමීනී මේ බලන්න මේ කොටස කොච්චර ලස්සනද..." කිය කිය දැන් පෙන්න පෙන්න යනවා.

"**සෝභතීවතිදං ආයස්මතෝ කෝසියස්ස යථාතං පුබ්බේ කතපුඤ්ඤස්ස** ආයුෂ්මත් සක්දෙව් රජුන්ට පෙර පින් කළ නිසා ම යි මෙවැනි දේවල් ලැබෙන්නේ. **මනුස්සාපි කිඤ්චිදේව රාමණෙය්‍යකං දට්ඨා** මිනිස්සුත් මොකක්හරි ලස්සන දෙයක් දැක්කාම මේක හොඳයි තව්තිසාවේ දෙවිවරුන්ට කියලා කියනවා." මෙහෙම කිය කිය, ප්‍රශංසා කර කර පිටිපස්සෙන් යනවා කවුද? වෛශ්‍රවණ දෙව් රජ්ජුරුවෝ.

ඉර්ධි බලයෙන් අගතැන්පත්....

මොග්ගල්ලාන මහරහතන් වහන්සේට එතකොට මෙහෙම හිතෙනවා. "**අතිබාළ්හං ඛෝ අයං යක්ඛෝ පමත්තෝ විහරති.** මේ සක්දෙවිඳු හරි මෝඩයෙක් නොවැ. ප්‍රමාදීව වාසය කරන මොහුව මං සංවේගයට පත්කරන්න ඕනෙ" කියලා. ඊටපස්සේ මොග්ගල්ලානයන් වහන්සේ මොකද කළේ, මුළු වෛජයන්ත ප්‍රාසාදය ම කම්පා වෙන විදිහට, සෙලවෙන විදිහට, වෙව්ලන විදිහට පාදයේ මහපට ඇඟිල්ලෙන් ඉර්ධියක් කළා. එතකොට යම්කිසි භාජනයක් වතුරක් උඩ එහාට මෙහාට පැද්දෙනවා වගේ අර තරම් විශාල මහා වෛජයන්ත ප්‍රාසාදය සෙලවෙන්න පටන් ගත්තා. කම්පා වෙන්න පටන් ගත්තා.

එතකොට ශක්‍ර දෙවියනුත්, වෙසමුණි දෙව් රජුත්, තව්තිසා දෙවියොත් විස්මයට පත්වෙලා කියනවා "භවත්නි, ආශ්චර්යයි! භවත්නි, අද්භූතයි! මේ ශ්‍රමණයන් වහන්සේ එතරම් ම මහා ඉර්ධිමත්. මහානුභාව සම්පන්නයි. මෙවැනි වූ දිව්‍ය භවනක් පවා පාදයේ මහපට ඇඟිල්ලෙන් කරකවනවා නෙව. කම්පා කරනවා නෙව" කියලා. එතකොට මොග්ගල්ලාන මහරහතන් වහන්සේ මේ ඉර්ධියෙන් සක් දෙවිඳු කම්පා වුනු බව දැනගෙන, සංවේගයට පත්වුනු බව දැනගෙන සක්දෙවිඳුට කියනවා "කෝසිය මං ආවේ මේ සමයං බලන්ට නොවේ... ඔබට භාග්‍යවතුන් වහන්සේගෙන් කෙටියෙන් අහන්න ලැබුනා භික්ෂුවක් තණ්හාවෙන් නිදහස් වෙන්නේ මොන ආකාරයෙන්ද කියලා. ආන්න ඒක ගැන අහන්න සතුටු වෙලයි මං මේ ආවේ."

ඔක්කොම මතක් වුනා....

එතකොට සක්දෙවිඳු කියනවා "ස්වාමීනි මොග්ගල්ලානයන් වහන්ස, මං අද භාග්‍යවතුන් වහන්සේව බැහැ දකින්න ගියා. (ඔන්න මතක් වුනා දැන්. භය වුනාමත් මතක් වෙනවනේ සමහරුන්ට) මං භාග්‍යවතුන් වහන්සේට වන්දනා කරලා පැත්තකින් හිටගෙන ඇහුවා 'ස්වාමීනි, භික්ෂුවක් තණ්හාව ගෙවා දමලා විමුක්තියට පත් වෙන්නේ කොහොමද? ඒ භික්ෂුව අත්‍යන්තයෙන් ම නිෂ්ඨාවට පත් වුනාය, අත්‍යන්තයෙන් ම යෝගක්ෂේමී ය, අත්‍යන්තයෙන් ම බ්‍රහ්මචාරී ය, අත්‍යන්තයෙන් ම අවසානය කරා ගියේය, දෙව් මිනිසුන් අතර ශ්‍රේෂ්ඨය කියලා කියන්න සුදුසු වෙන්නේ කොහොමද?' කියලා.

ස්වාමීනි, එතකොට භාග්‍යවතුන් වහන්සේ මට මෙන්න මෙහෙම දේශනා කළා. 'දේවේන්ද්‍රය, මේ

ස්කන්ධ, ධාතු, ආයතන ආදී සියලුම දේවල් තෘෂ්ණා දෘෂ්ටි වශයෙන් අල්ල ගන්න සුදුසු ඒවා නොවේ කියලා භික්ෂුවට අහන්න ලැබෙනවා. එතකොට ඒ භික්ෂුව ඒ අල්ලාගන්න සුදුසු නැති දේවල් අවබෝධ කරනවා.' එතකොටනේ ඒ සුදුසු නැති කාරණය වැටහෙන්නේ. දැන් අපි කියනවා මේක අල්ලා ගන්න සුදුසු නෑ කියලා. එතකොට අල්ලාග න්න සුදුසු නැත්තේ ඇයි කියන ප්‍රශ්නේ එන්නේ නැද්ද? එනවා. අල්ලගන්න සුදුසු නැත්තේ මෙන්න මේ නිසා කියලා පෙන්වා දුන්නහම අන්න ඒ කාරණය විස්තර කර කර බලනවා. බලනකොට මොකද වෙන්නේ **අභිජානාති** අවබෝධ වෙනවා.

ලොවෙහි කිසිවකට ග්‍රහණය නොවෙයි....

ඊටපස්සේ "**සබ්බං ධම්මං අභිඤ්ඤාය සබ්බං ධම්මං පරිජානාති** ඒ හැම දෙයක් ම අවබෝධ කරලා, ඒ හැම දෙයක් ම ඇල්ම දුරුවෙන ආකාරයට පිරිසිඳ දකිනවා. පිරිසිඳ දැක්කට පස්සේ මොකද වෙන්නේ, යම්කිසි වේදනාවක් විඳිනවා නම්, ඒ වේදනාව සැපක් වෙන්න පුළුවනි, දුකක් වෙන්න පුළුවනි. එහෙම නැත්නම් මධ්‍යස්ථ වෙන්නත් පුළුවනි. ඒ හැම වේදනාවක් ගැන ම **අනිච්චානුපස්සී** අනිත්‍ය දකිමින් ඉන්නවා. **විරාගානුපස්සී** නොඇල්ම දකිමින් ඉන්නවා. **නිරෝධානුපස්සී** ඇල්ම නිරුද්ධ වීම දකිමින් ඉන්නවා. **පටිනිස්සග්ගානුපස්සී** ඇල්ම දුරුවීම දකිමින් ඉන්නවා.

න ච කිඤ්චි ලෝකේ උපාදියති ලෝකයේ කිසිවකට අහුවෙන්නේ නෑ. උපාදාන වෙන්නේ නෑ. එතකොට මොකද වෙන්නේ, **අනුපාදියං න පරිතස්සති** උපාදානයට අහුවෙන්නේ නැති නිසා එයාට කම්පාවට පත්වෙන්න,

සැලෙන්න කිසිදෙයක් නෑ. **අපරිතස්සං පච්චත්තං යේව පරිනිබ්බායති** එතකොට තමා තුළ ම පිරිනිවී යනවා. ඉපදීම ක්ෂය වුනා. බඹසර වාසය සම්පූර්ණ වුනා. කළ යුත්ත කළා. නැවත තිවන පිණිස කරන්න කිසි දෙයක් නෑ කියලා අවබෝධ වෙනවා. මොග්ගල්ලානයන් වහන්ස, භික්ෂුවක් තණ්හාව ගෙවා දාලා විමුක්තියට පත්වීම ගැන භාග්‍යවතුන් වහන්සේ මට කෙටියෙන් වදාළේ මෙන්න මේ විදිහටයි" කිව්වා.

ඒ ඔබේ ශාස්තෘන් වහන්සේ ද...?

ඉතින් මොග්ගල්ලානයන් වහන්සේ සක්දෙවිඳුන් කියපු ප්‍රකාශය අහලා බොහොම සතුටු වුනා. අනුමෝදන් වුනා. අනුමෝදන් වෙලා එතනින් නොපෙනී ගිහින් පූර්වාරාමයේ පහළ වුනා. මොග්ගල්ලාන මහරහතන් වහන්සේ වැඩියට පස්සේ දිව්‍ය අප්සරාවියෝ ටික සක් දෙවිඳුව වටකර ගත්තා. වෛජයන්ත ප්‍රාසාදය කුණාටුවකට අහුවෙච්ච නැවක් වගේ, බඹරයක් වගේ කැරකුන වෙලාවේ උන්දැලා හොඳටම භය වුනානේ. මොකුත් කරගන්න බැරුව ගියා.

දිව්‍ය අප්සරාවියෝ සක්දෙවිඳුව වටකරගෙන අහනවා "**ඒසෝ නු බෝ තේ මාරිස සෝ භගවා සත්ථා** නිදුකාණන් වහන්ස, ඒ වැඩියේ ඔබගේ ශාස්තෘ වූ භාග්‍යවතුන් වහන්සේ ද..?" එතකොට සක්දෙවිඳු කියනවා "**න බෝ මේ මාරිසා සෝ භගවා සත්ථා** ඒ මාගේ ශාස්තෘ වූ භාග්‍යවතුන් වහන්සේ නෙමෙයි. **සබ්‍රහ්මාචාරී මේ ඒසෝ ආයස්මා මහා මොග්ගල්ලානෝ** ඒ වැඩියේ ආයුෂ්මත් මහා මොග්ගල්ලානයන් වහන්සේ නමැති සබ්‍රහ්මචාරීන් වහන්සේයි."

ඔබට හරි ලාභයක්....

දිව්‍ය අප්සරාවියෝ කියනවා "**ලාභා තේ මාරිස** නිදුකාණන් වහන්ස, ඔබට හරි ලාභයක්. ශ්‍රාවකයෙක් වූ ඔබගේ සබ්‍රහ්මචාරීන් වහන්සේ මෙච්චර බලසම්පන්න ද... මෙච්චර මහා ඉර්ධිමත් ද... මෙච්චර මහානුභාවසම්පන්න ද... **අහෝ නූන තේ සෝ භගවා සත්ථා** අනේ ඔබගේ ශාස්තෘ වූ ඒ භාග්‍යවතුන් වහන්සේ කොයිතරම් අසිරිමත් ඇද්ද...!" කියලා. ඊටපස්සේ මහා මොග්ගල්ලානයන් වහන්සේ බුදුරජාණන් වහන්සේ ළඟට වැඩලා වන්දනා කරලා පැත්තකින් ඉඳගත්තා.

ඉඳගෙන අහනවා "**අභිජානාති නෝ භන්තේ භගවා අහු ඤාතඤ්ඤතරස්ස මහේසක්ඛස්ස යක්ඛස්ස සංඛිත්තේන තණ්හාසංඛයවිමුත්තිං භාසිතා** ස්වාමීනි, භාග්‍යවතුන් වහන්සේ එක්තරා මහානුභාව සම්පන්න දෙවි කෙනෙකුට භික්ෂුවක් තණ්හාව ගෙවා දමලා විමුක්තියට පත්වීම ගැන දේශනා කළවිරුද?" කියලා අහනවා. එතකොට භාග්‍යවතුන් වහන්සේ වදාරනවා "ඔව් මොග්ගල්ලාන, මට මතකයි මං එහෙම දේශනාවක් වදළ බව. සක්දෙවිඳු ඇවිල්ලා මගෙන් මෙහෙම ප්‍රශ්නයක් ඇහුවා.

සියලු ධර්මයන් යනු....

'ස්වාමීනි, භික්ෂුවක් තණ්හාව ගෙවල දාල, විමුක්තියට පත්වුන එක ගැන, ස්ථිර ව ම දුක් කෙළවර කළ බව, ස්ථිර ව ම නිවනට පත්වුන බව, ස්ථිරව ම බ්‍රහ්මචාරී වුන බව, ස්ථිරව ම නිවන් මග අවසන් කළ බව, දෙවි මිනිසුන්ට ශ්‍රේෂ්ඨ බව, සාරංශ වශයෙන් පවසන්නෙ කොහොමද?' කියලා. එතකොට මම ඔහුට මෙහෙම

දේශනා කළා. 'දේවේන්ද්‍රය, භික්ෂුවට මේ විදිහට අහන්න ලැබෙනවා. '**සබ්බේ ධම්මා නාලං අභිනිවේසායාති** සියලු ධර්මයන් තණ්හාවෙන් බැසගන්න සුදුසු නෑ' කියලා.

එතකොට සියළු ධර්මයන් ආසාවෙන් බැස ගන්න සුදුසු ඒවා නොවෙයි කියන වචනය ඇහිච්ච ගමන් භික්ෂුවට සියළු ධර්මයන් කියන්නේ ස්කන්ධ, ධාතු, ආයතන වලටයි කියලා තේරෙනවා. අද කාලේ කෙනෙකුට කිව්වොත් සියළු ධර්මයන් නොබැසගත යුතුයි කියලා එයා ඒකට ආර්ය අෂ්ඨාංගික මාර්ගයත් එකතු කර ගනීවි. නිවනත් එකතු කරගනීවි. ඔක්කොම පටලවා ගන්නවා නේද?

එක තැනක උන්වහන්සේ දේශනා කරනවා "මහණෙනි, ඔබට සියල්ල දේශනා කරමි. මහණෙනි, සියල්ල යනු කුමක්ද? ඇසත් රූපත් ය, කනත් ශබ්දත් ය, නාසයත් ගඳ සුවඳත් ය, දිවත් රසත් ය, කයත් පහසත් ය, මනසත් අරමුණුත් ය. මහණෙනි, සියල්ල යනු මෙයයි."

පිරිසිඳ දැකීම යනු....

ඉතින් මේ වගේ ධර්මය අහපු අය ඉන්නවා. සියළු ධර්මයන් තෘෂ්ණා වශයෙන් බැසගන්නට සුදුසු නෑ කියපු ගමන් එයා පැටලෙන්නේ නෑ. මේකේ තියෙනවා ඒක අහලා එයා සියළු ධර්මයන් **අභිජානාති** ස්කන්ධ, ධාතු, ආයතනයන්ගේ ස්වභාවය නුවණින් බලන්න ගන්නවා. නුවණින් බලන්න අරගෙන මොකද කරන්නේ, සියළු ධර්මයන් **පරිජානාති** පිරිසිඳ දකිනවා. දැන් දම්සක් පැවතුම් සූත්‍රයේ දුක්ඛාර්ය සත්‍යය විස්තර කරන තැන තියෙනවනෙ **තං ඛෝ පනිදං දුක්ඛං අරිය සච්චං**

පරිඤ්ඤාතන්ති කියලා. ඒ දුක්ඛාර්ය සත්‍යය පිරිසිඳ දැක්කා කියලා.

පිරිසිඳ දැක්කොත් ඒක ආයේ අල්ලන්නේ නෑ එයා. පිරිසිඳ නොදකින නිසා තමයි මේ අතඇරපු දේ ආයේ අල්ලන්නේ. මේ එපා කියලා වීසි කරන දේ ආපහු ගිහිල්ලා අහුලගන්නවා. මේ අතහරිනවා. නරකයි කියලා එලවනවා. ආයේ එක්කන් එනවා. ඇයි මේ? පිරිසිඳ දකින්නේ නැති නිසා. පිරිසිඳ දැක්කොත් අතහැරියොත් අතහැරියා ම යි. අවබෝධ වුනොත් අවබෝධ වුනා ම යි. එහෙම නැතිව ඒකෙම පැටලී පැටලී පැටලී යන්නේ නෑ. පිරිසිඳ දැක්කාම මොකද වෙන්නේ, පරිපූර්ණ වශයෙන් ඒකේ ස්වභාවය අවබෝධ වෙනවා.

වේදනාවේ යථාර්ථය දකිනවා....

අවබෝධ වීම නිසා මොකද වෙන්නේ, ආයතන හය මුල්කරගෙන ඇතිවෙන ස්පර්ශයෙන් යම්කිසි විඳීමක් විඳිනවාද, සැපක් වේවා දුකක් වේවා උපේක්ෂාවක් වේවා ඒක අනිත්‍ය වශයෙන් දකිමින් වාසය කරනවා. එහෙනම් විමුක්ති මාර්ගය එක ආයතනයකට පමණක් සීමා වෙලා නෑ. ආයතන හයේම දකින්න ඕන. මේ විස්තර දන්නෙ නැතිව විදර්ශනාවක් ගැන කතා කරන්න පුළුවන්ද අපිට? බෑ. දැන් සාමාන්‍යයෙන් ඇතිවෙලා නැතිවෙලා යනවා කියන වචනේ අපි කොච්චර කිව්වත් ඒක විදර්ශනාවක් බවට පත්වෙන්නේ නෑ මේ ස්කන්ධ, ධාතු, ආයතන ගැන බුද්ධ දේශනා දන්නේ නැතුව. මේ බුද්ධ දේශනා ආශ්‍රයෙන්ම තමයි අපි තේරුම් ගන්න ඕන.

ඇසේ ස්පර්ශයෙන් හට ගත්තත් සැප දුක්

උපේක්ෂා විඳීම්, කනේ ස්පර්ශයෙන් හට ගත්තත් සැප දුක් උපේක්ෂා විඳීම්, නාසයේ ස්පර්ශයෙන් හට ගත්තත් සැප දුක් උපේක්ෂා විඳීම්, දිවේ ස්පර්ශයෙන් හට ගත්තත් සැප දුක් උපේක්ෂා විඳීම්, කයේ ස්පර්ශයෙන් හට ගත්තත් සැප දුක් උපේක්ෂා විඳීම්, මනසේ ස්පර්ශයෙන් හට ගත්තත් සැප දුක් උපේක්ෂා විඳීම් මේ හැම විඳීමක් ම අනිත්‍යයි කියලා දන්නවා. ඇයි අනිත්‍යයි කියලා දන්නේ? පිරිසිඳ දැකපු නිසා.

පිරිසිඳ නොදුටු නිසා....

පිරිසිඳ දැක්කේ නැතිවුනාම වෙන දේ අපි කලින් මහා තණ්හාසංඛය සූත්‍රයේ දී ඉගෙන ගත්තා. ඔන්න මව්කුසෙන් බිහිවුනාට පස්සේ පොඩි කාලේ සෙල්ලමෙන් ජීවත් වුනා. තරුණ වයසට පත්වුනාට පස්සේ පංච කාම සේවනයේ යෙදෙන්න පටන් ගත්තා. ඊටපස්සේ ඇහෙන් රූප දැකලා ප්‍රියමනාප රූපයට ඇලුනා, අප්‍රිය අමනාප රූපයට ගැටුනා. කය ගැන සිහියෙන් තොරව පටු සිතින් වාසය කළා. අකුසල් ඉතුරු නැතුව නිරුද්ධ වෙන චේතෝ විමුක්තිය ප්‍රඥා විමුක්තිය ගැන දන්නේ නෑ. මේ දුකින් නිදහස් වීමක් ගැන දන්නේ නෑ. ඊට පස්සේ ඇලීමයි ගැටීමයි දෙකට මැදි වෙලා වාසය කරද්දී සැප හෝ දුක් හෝ උපේක්ෂා හෝ යම්කිසි විඳීමක් හටගත්තාද ඒක සතුටින් පිළිගත්තා. ඒ ගැන ගුණ කියන්න පටන් ගත්තා. ඒකේ හිත බැස ගත්තා. එතකොට නන්දිය ඇති වුනා. ඇති වෙච්ච ගමන් ඒකට අහු වුනා. ඊටපස්සේ පටිච්ච සමුප්පාදය හැදෙන එක නවත්වන්න කාටවත් බෑ. මේක තමයි වුනේ.

තෘෂ්ණාව වෙනුවට විමුක්තිය....

ඒක වැළකිලා තියෙන්නේ කොහොමද මෙතන? පිරිසිඳ දැකීමෙන්. එහෙම පිරිසිඳ දැකලා සැප දුක් උපේක්ෂා විඳීම් ගැන **අනිච්චානුපස්සී** අනිත්‍ය ස්වභාවය දකිමින්, **විරාගානුපස්සී** ඇල්ම දුරුවෙන බව දකිමින්, **නිරෝධානුපස්සී** ඇල්ම නිරුද්ධ වෙන බව දකිමින්, **පටිනිස්සග්ගානුපස්සී** ඒ ඇල්ම බැහැරට ම යනවා කියලා දකිමින් වාසය කරද්දි **න ච කිඤ්චි ලෝකේ උපාදියති** ලෝකයේ කිසිවක් උපාදාන කරගන්නේ නෑ. ඇයි උපාදාන කරගන්න නම් තණ්හාව තියෙන්න එපැයි. දැන් තණ්හාව තියෙන්න ඕන තැන ප්‍රඥාවනේ තියෙන්නේ. තණ්හාව තියෙන්න ඕන තැන විමුක්තිය නේ තියෙන්නේ.

එතකොට කොහොමද උපාදානයක් හිටින්නේ. උපාදානයක් හිටින්න විදිහක් නෑ. එතකොට මොකද වෙන්නේ **අනුපාදියං න පරිතස්සති** උපාදාන වෙලා නැති තැන තැති ගැනීමක් මොකුත් හටගන්නේ නෑ. එතකොට **අපරිතස්සං පච්චත්තං යේව පරිනිබ්බායති** තමා තුළ ම පිරිනිවිලා යනවා. **ඛීණා ජාති** ඉපදීම ක්ෂය වුනා. **වුසිතං බ්‍රහ්මචරියං** බඹසර වාසය සම්පූර්ණ කළා. **කතං කරණීයං** කළ යුත්ත කළා. **නාපරං ඉත්ථත්තායාති** නැවත මේ වෙනුවෙන් කරන්න කිසි දෙයක් නෑ කියලා අවබෝධ වෙනවා.

අසිරිමත් ධර්ම විග්‍රහය....

බුදුරජාණන් වහන්සේ වදාරනවා "මොග්ගල්ලාන, මම සක්දෙවිඳුට ප්‍රකාශ කළා 'සක්දෙවිඳුනි, මෙපමණකින් භික්ෂුව තණ්හාවෙන් නිදහස් වෙලා යනවා. මෙපමණකින්

අත්‍යන්ත නිෂ්ඨාවට පත්වෙනවා. මෙපමණකින් අත්‍යන්ත යෝගක්ඛේමී වෙනවා. අත්‍යන්තයෙන් ම බ්‍රහ්මචාරී වෙනවා. අත්‍යන්තයෙන් ම අවසානයක් කරා ගිය කෙනෙක් වෙනවා. මෙපමණකින් ම දෙවි මිනිසුන් අතර ශ්‍රේෂ්ඨ කෙනෙක් වෙනවා' කියලා." දැන් එතකොට බලන්න බුදුරජාණන් වහන්සේ වදාළ දේශනාව සක් දෙවිඳු ධාරණය කරගෙන හිටිය ආකාරය හරි නැද්ද? හරි. ඒ විදිහට ම ධාරණය කරගෙන හිටියා. ඉතින් බුදුරජාණන් වහන්සේ මේ විදිහට වදාළාම මොග්ගල්ලානයන් වහන්සේ බොහොම සතුටු වුනා.

එතකොට අද දවසෙත් අපි සූත්‍ර දේශනා දෙකක් ඉගෙන ගත්තා. මහා තණ්හාසංඛය සූත්‍රයත් චූළ තණ්හාසංඛය සූත්‍රයත්. මේ දේශනාවල හරි ආශ්චර්ය අද්භූත ආකාරයට භාග්‍යවතුන් වහන්සේ මේ ධර්මය විග්‍රහ කරලා තියෙනවා. ඉතින් ඒ නිසා මේ ධර්මය අවබෝධ කරගන්න. ධර්මයේ හැසිරෙන්න, ශ්‍රද්ධා, සීල, ශ්‍රැත, ත්‍යාග, ප්‍රඥා දියුණු කරගන්න අපටත් වාසනාව ලැබේවා!

සාදු! සාදු!! සාදු!!!

මහාමේඝ ප්‍රකාශන

www.ingramcontent.com/pod-product-compliance
Lightning Source LLC
Chambersburg PA
CBHW070519030426

42337CB00016B/2013